ELEKTRA

ELEKTRA

in Full Score

RICHARD STRAUSS

DOVER PUBLICATIONS, INC.
New York

Dedicated to Natalie and Willy Levin

This Dover edition, first published in 1990, is a republication of the edition originally published by Adolph Fürstner, Berlin, in 1916. A glossary of German terms has been added.

Manufactured in the United States of America
Dover Publications, Inc., 31 East 2nd Street, Mineola, N.Y. 11501

Library of Congress Cataloging-in-Publication Data

Strauss, Richard, 1864–1949.
Elektra.

Opera.
German text.
Libretto by Hugo von Hofmannsthal.
Based on: Electra / Sophocles.
Reprint, with a glossary of German terms. Originally published: Berlin : A. Fürstner, 1916.
1. Operas—Scores. I. Hofmannsthal, Hugo von, 1874–1929. II. Sophocles. Electra. III. Title.
M1500.S89E5 1990 90-753457
ISBN 0-486-26538-2 (pbk)

CONTENTS

GLOSSARY OF GERMAN TERMS

aber, but
alle, all
allein, alone
allmählich, gradually
als, than
am, on the
auf, up, on
ausführen, play
ausgeführt, played
äusserst, as . . . as possible
auszuführen, to be played
B, B-flat
beginnen, begin, *beginnend*, beginning
behaglich, comfortably
beide, both
benützen, use
bereits, already
beschleunigen, quicken
bewegt, agitated, *kräftig bewegt*, vigorously, *mässig bewegt*, moderato, *bewegter*, più mosso
bis, until, *bis zum*, up to the
breit, broadly, *breiter*, more broadly
daher, therefore
Dämpfer, mute, *Dämpfern*, mutes
dann, then
dass, that
dasselbe, the same
demnach, therefore
der, of the, the
des, of the, in
die, the
Doppelgriff, double stop, *Doppelgriffe*, double stops
dreifach, divisi in three, *dreifachen*, triple
dreitaktig, in three
ein, *eine*, a, an
erstes, first, *erstes Zeitmass*, tempo primo
erzeugt, produced, *erzeugt wird*, is produced
Es, E-flat
etwas, somewhat
feierlich, solemnly
festes, firm, steady
feurig, fiery
Fingerwechsel, change of fingering
Flageolet, harmonics
fliessend, flowing, *fliessender*, more flowing
früheres, earlier
furchtbares, frightful
ganze, whole
geblasen, played
gebunden, legato
gegriffen, fingered
gehalten, restrained
gemächlich, comfortably, *gemächliches*, comfortable
gemessener, more measured
gerieben, scraped
gesteigerter, intensifying
gestopft, stopped
geteilt, *get.*, divisi, divided
getragen, solemn
gewichtig, heavy
gewöhnlich, ordinario
gleichen, same
gleichmässig, evenly
gut, well
Hälfte, half (a string section)
Halben, half-notes
Hand, hand
harpeggiert, arpeggiated
hastig, hurriedly
heftig, violently
herabstimmen, retune downward
heraufschleifen, slide upward, portamento
herunterschleifen, slide downward, portamento
hervortretend, prominently
hinauf-[schleifen], slide upward, portamento
Holzschlägel, *Holzschl.*, wooden mallet
im, in (the)
immer, constantly, steadily (becoming)
in, in, to
ineinander, into each other
könnte, could
kräftig, vigorously
langsam, slow, *langsamer*, slower
lebhaft, lively, *lebhafter*, more lively
leeren, open
leichthin, carelessly
leidenschaftlich, passionately
mässig, moderately, moderato, *mässiger*, more moderate
mehr, more
mit, with
möge, may
müssen, (they) must
nach, to
natürlich, naturally
nicht, not
noch, still
notirt, notated
offen, open
ohne, without
Oktave, octave, *Oktaven*, octaves

Paukenschlägeln, timpani mallets
plötzlich, suddenly
Pult, desk, stand
pultweise, by desk
Rande, edge
rechten, right
ruhig, calmly, *ruhiger,* more calmly
Saite, string
Sausen, roar
scharrend, scratching, scraping
schlagen, beat (in)
schleifen, slide, portamento
schlendernd, sauntering
schleppend, dragging
schnell, fast, *schneller,* faster
Schwammschlägeln, sponge mallets
schwungvoll, spirited, energetic
seelenvoll, soulfully, tenderly
sehr, very
seufzend, sighing
sie, they
sind, are
singend, singing
so, so
Spieler, player
spitzig, sharply
stark, strong, violent, *stärker,* more forceful
steigern, accelerando
Stelle, passage
stets, always
Streicher, strings
Takt, measure, *Takte,* measures
tiefer, lower
Triangelschlägel, triangle beater
übrigen, others
Umständen, circumstances, *unter Umständen,* under certain circumstances
und, u., and
unruhig, restless, agitated
unter, under
Verdopplung, doubling, *in Verdopplung vom,* doubled by the
viel, much
Viertel, quarter-note(s)
von, of
vorher, previously, the previous
weg, off
weglassen, omit
weich(en), soft, softly, tenderly
wenn, if
werden, becoming, be, *werdend,* becoming
wie, as
wieder, again
wiehernd, neighing
wuchtig, heavy, powerful
Zeitmass, tempo
ziemlich, rather
zusammen, together
zwei, two
I.,II.,III., 1st, 2nd, 3rd

ELEKTRA

Op. 58

TRAGEDY IN ONE ACT
Libretto by Hugo von Hofmannsthal
Music by Richard Strauss
First performance: Dresden, 25 January 1909

CHARACTERS

Electra [Elektra]	Soprano
Clytemnestra [Klytämnestra]	Mezzo-soprano
Chrysothemis	Soprano
Aegisthus [Aegisth]	Tenor
Orestes [Orest]	Baritone
1st Maid [I. Magd]	Alto
2nd Maid [II. Magd]	Mezzo-soprano
3rd Maid [III. Magd]	Mezzo-soprano
4th Maid [IV. Magd]	Soprano
5th Maid [V. Magd]	Soprano
Overseer [Aufseherin]	Soprano
Confidante to Clytemnestra [Die Vertraute]	Soprano
Trainbearer to Clytemnestra [Die Schleppträgerin]	Soprano
Guardian to Orestes [Der Pfleger]	Bass
Young Servant [Junger Diener]	Tenor
Old Servant [Alter Diener]	Bass
Female Servants [Dienerinnen]	Sopranos, Altos
Men [Männer]	Tenors, Basses
Women [Frauen]	Sopranos, Altos

Setting: Mycenae

INSTRUMENTATION

Piccolo [Kleine Flöte, kl. Fl.]
3 Flutes [Grosse Flöten, gr. Fl.]
(Fl. I, III = Piccolo II)
2 Oboes [Hoboen, Hob.]
English Horn [Englisch Horn, engl. Horn]
(= Ob. III)
Heckelphone [Heckelphon]
E♭ Clarinet [Es-Clarinette, Es-Clar.]
4 Clarinets (B♭,A) [B(A)-Clarinetten, B(A)-Clar.]
2 Basset Horns [Bassethörner, Basseth.]
Bass Clarinet (B♭) [Bassclarinette (B), Basscl.]
3 Bassoons [Fagotte, Fag.]
Contrabassoon [Contrafagott, Contrafag.]
4 Horns (F,E) [Hörner (F,E)]
2 B♭ Tenor (Wagner) Tubas [Tenortuben,Tuben (B)]
2 F (Wagner) Tubas [Basstuben, Tuben (F)]
(4 Tubas = Horns V,VI,VII,VIII (E♭,F,B♭,E))
6 Trumpets (F,D,C,E♭,B♭,E) [Trompeten, Tromp.]
Bass Trumpet (D,C) [Basstrompete (D,C), Basstromp.]
3 Trombones [Posaunen, Pos.]
Contrabass Trombone [Contrabassposaune, Contrabasspos.]
Contrabass Tuba [Contrabasstuba, C.-Basstuba, Basstuba]
6-8 Timpani [Pauken] (2 players [Pauker])
Glockenspiel
Triangle [Triangel]
Tambourine [Tamburin]
Side Drum [Kleine Trommel, kl. Trommel]
Cymbals [Becken]
2 pairs Castanets [2 Paar Castagnetten]
Bass Drum [Grosse Trommel, gr. Trommel]
with Switch [Rute]
Tam-tam [Tamtam]
Celesta *ad libitum*
2 Harps [Harfen]
8 1st Violins
8 2nd Violins
8 3rd Violins } [Violinen I,II,III; Viol.]
6 1st Violas
(= 4th Violins)
6 2nd Violas
6 3rd Violas } [Bratschen I,II,III; Br.]
6 1st Cellos
6 2nd Cellos } [Celli I,II]
8 Basses [Contrabässe, C.-Bässe, C.-B.]

ELEKTRA.

(Der innere Hof, begrenzt von der Rückseite des Palastes und niedrigen Gebäuden, in denen die Diener wohnen. Dienerinnen am Ziehbrunnen, links vorn. Aufseherinnen unter ihnen.)

Schnell 𝅗𝅥 = 𝅘𝅥 des 3/4
Vivo.
1
kl. Flöte.
I.II.
3 gr. Fl.
III.
2 Hob.
engl. Horn.
Heckelphon.
Es-Clar.
2 B-Clar.
2 A-Clar.
2 Basseth.
Baßcl. (B)
I.
3 Fag.
II.III.
Contrafag.
I.II. (F)
3 Tromp.
III. (D)
3 Pos.
Pauken.
(mit Dämpfern)
(mit Dämpfer)
(mit Dämpfern)
a 2
cresc.
(Elektra kommt aus der schon dunkelnden Hausflur gelaufen. Alle drehen sich nach ihr um.)
(Elektra springt zurück wie ein Tier in seinen Schlupfwinkel, den einen Arm vor dem Gesicht.)
Schnell 𝅗𝅥 = 𝅘𝅥 des 3/4
Vivo.
1
I. (8)
Viol. II. (8)
III. (8)
I. (6)
Br. II. (6)
III. (6)
alle Celli.
C-B.
arco
pizz.

I.II. gr. Fl.
2 Hob.
engl. Horn.
Heckelphon.
Es-Clar.
2 B-Clar.
2 Basseth.
I.II. Fag.
I.II. 4 Hörner (F) III.IV.
I.II. (F) 3 Tromp. III. (D)
(mit Dämpfern)
(mit Dämpfer)
I. Magd.
Habt ihr gesehn, wie sie uns an-sah?
alle Viol.
molto espr.
arco
pizz.
I. Br. II. III.
alle Celli.
C.-B.
2
3 gr. Fl.
2 Hob.
engl. Horn.
Heckelphon.
2 B-Clar.
2 A-Clar.
2 Basseth.
Baßcl. (B)
3 Fag.
(mit Dämpfern)
(Dämpfer weg)
I.II. 4 Hörner (F) III. IV.
I.II. (F) 3 Tromp. III. (D)
I. Magd.
Immer, wenn die Sonne tief steht, liegt sie und stöhnt.
II. Magd.
Giftig, wie eine wil-de Kat-ze.
III. Magd.
Neulich lag sie da und stöhnte....
Da
etwas mäßiger werden
un poco meno mosso
I.II. Viol. III.
(I. Pult allein)
alle Br.
alle Celli u. C-B.
Celli allein
arco
C-Bässe allein
pizz.
3

4
wieder schneller
più mosso
I.II. gr. Fl.
2 Hob.
engl. Horn.
Heckelphon.
Es-Clar.
2 B-Clar.
a 2
2 Basseth.
Baßcl. (B)
2 Fag.
I.II. Horn.
(mit Dämpfern)
I.II. (F)
3 Tromp.
III. (D)
(mit Dämpfern)
(mit Dämpfer)
I.II.
3 Pos.
III.
I. Magd.
sie hält's nicht aus, wenn man sie an-sieht.
II. Magd.
III. Magd.
gingen wir zu zweit und kamen ihr zu nah_
Ja, wir kamen ihr zu nah: da pfauchte sie wie ei-ne
(alle)
Viol. I. II. III.
Br. I. II. III.
Celli. I. II.
C-B.
pizz.
arco

5
I. II.
3 gr. Fl.
III.
2 Hob.
engl. Horn.
Heckelphon.
Es-Clar.
2 B-Clar.
2 Basseth.
Baßcl. (B)
I. II.
3 Fag.
III.
Contrafag.
(mit Dämpfern) a 2
I. II.
4 Hörner (F)
III. IV.
I. II. (F)
3 Tromp.
(mit Dämpfern)
III. (D)
I. II.
3 Pos.
(mit Dämpfern)
III.
Rute.
III. Magd.
Katze uns an. „Fort, Fliegen!“ schrie sie, „fort“!
„Sitzt nicht auf meinen Wunden!“ und schlug nach uns mit einem
IV. Magd.
„Schmeiß-flie - gen, fort!“
Viol. I. II. III.
Br. I. II. III.
alle Celli.
C-B.
arco
col legno
espr.

6
I. II. gr. Fl.
2 Hob.
engl. Horn.
Heckelphon.
Es-Clar.
2 B-Clar.
2 A-Clar.
2 Basseth.
Baßcl. (B)
I. II.
3 Fag.
III.
III. IV. Horn.
(F)
Rute.
2 Paar
Castagnetten.
III. Magd.
Stroh-wisch
Ihr sollt das Sü-ße nicht ab-wei-den von der Qual
Ihr sollt nicht schmat-zen nach meiner Krämp-fe
IV. Magd.
„Schmeiß-fliegen,
fort!"
Viol.
Br.
Celli.
C.-B.
(gewöhnlich)
p espr.
mf
espr.
a 2

7
8
accelerando
I. II.
3 gr. Fl.
III.
2 Hob.
Heckelphon
Es-Clar.
2 B-Clar.
2 A-Clar.
2 Basseth.
Baßcl. (B)
I. II.
3 Fag.
III.
Contrafag.
I. II.
4 Hörner (F)
III. IV.
(ohne Dämpfer)
I. II. (F)
3 Tromp.
III. (D)
(mit Dämpfern)
(mit Dämpfer)
III. Posaune.
(ohne Dämpfer)
Triangel.
2 Paar Castagnetten.
III. Magd.
Schaum.
IV. Magd.
„Geht ab, ver-kriecht euch“, schrie sie uns nach: „Esst Fet - tes, und eßt Sü - ßes,“ und geht zu Bett mit eu-ren
accelerando
alle Viol.
I.
Br. II.
III.
I.
Celli.
II.
C.-B.

9 wieder früheres Zeitmaß. M. 𝅗𝅥 = 80
a tempo primo
Es-Clar.
2 B-Clar.
2 A-Clar.
2 Basseth.
Baßcl. (B)
I. II. 3 Fag. III.
Contrafag.
III. Magd.
IV. Magd.
Ich war nicht faul_
„Ja, wenn du hungrig bist," gab ich zur Ant - wort, „so ißt du auch!"
Män - nern," schrie sie, und die,_ die gab ihr Antwort!
Viol. I. II. III.
alle Br.
alle Celli.
C.-B.
dim.
10
2 Hob.
engl. Horn.
Heckelphon.
4 Hörner (F)
I. II. (F) 3 Tromp. III. (D)
I. Posaune.
(mit Dämpfern)
(mit Dämpfer)
Da sprang sie auf und schoß gräß-li-che Blicke, reckte ih-re Fin-ger wie Krallen ge-gen uns und schrie:_
Viol. I. II. III.
Br. I. II. II
Celli I. II.
C.-B.
pizz.
arco

11
12
13
2 Hob.
Es-Clar.
2 B-Clar.
2 A-Clar.
I. Tromp. (F)
(mit Dämpfer)
II. Magd.
III. Magd.
Viol.
Br.
a 2
dim.
Und du?
„Ich füttre mir ei-nen Gei-er auf im Leib!“
engl. Horn.
Heckelphon.
I. B-Clar.
3 Fag.
Contrafag.
„Drum hockst du immer-fort,“ gab ich zu-rück, „wo Aas-geruch dich hält, und scharrst nach ei-ner alten Lei-che.“
Und
I. II. Viol.
III. Viol.
Celli.
pizz.
arco (scharrend)
G-Saite

14
3 gr. Fl.
2 B-Clar.
2 A-Clar.
II. Horn (F)
II.IV. Horn (F)
3 Posaunen.
Contrabaß-posaune.
I. Magd.
II. Magd.
III. Magd.
Viol. I. II. III.
Br. I. II. III.
alle Celli.
C.-B.
(ohne Dämpfer)
(mit Dämpfern)
(mit Dämpfer)
was sagte sie da?
Sie heul - - - - - - - te nur und warf sich in ih-ren Winkel.
Daß die Kö-ni-gin solch
pizz.
arco
15
1.2.gr.Fl.
2 Hob.
engl. Horn.
Heckelphon.
2 B-Clar.
2 Basseth.
I.II. Horn (F)
(I.ohne Dämpfer)
einen Dämon frei in Haus und Hof sein We-sen trei-ben läßt.
Wär' sie mein Kind, ich hielte, ich bei Gott! sie unter Schloß und Rie-gel!
Das eig-ne Kind!
(geteilt)
(I. Pult)
I. Celli.

etwas ruhiger M. 𝅗𝅥 = 76.
meno mosso
16
I. gr. Fl.
Baßcl. (B)
I. Fag.
I. Horn (F)
III. IV. Horn (F)
IV. Magd.
(seufzend)
(mit Dämpfer)
Sind sie dir nicht hart genug mit ihr? Setzt man ihr nicht den Napf mit Es - sen zu den Hun-den?
Hast du den Herrn nie sie
etwas ruhiger M. 𝅗𝅥 = 76.
meno mosso
espr.
Viol. I. II.
Viol. III.
Br. I.
Br. II.
Br. III.
(am Steg)
alle Celli.
C.-B.
accelerando
lebhafter M. 𝅗𝅥 = 88.
più vivo
17
2 gr. Fl.
2 Hob.
engl. Horn.
Heckelphon.
2 B-Clar.
2 Basseth.
Baßcl. (B)
I. 3 Fag. II. III.
I. Horn (F)
I. II. Tromp. (F)
III. Posaune.
Contrabaß-posaune.
Pauke.
IV. Magd.
V. Magd. (ganz jung)
a 2
(ohne Dämpfer)
(ohne Dämpfer)
(ohne Dämpfer)
(ohne Dämpfer)
schla-gen sehn?
(mit zitternder, erregter Stimme)
Ich will vor ihr mich nie-der-wer-fen und die Fü - ße ihr küs - sen.
accelerando
lebhafter M. 𝅗𝅥 = 88.
più vivo
Viol. I.
Viol. II.
Viol. III.
Br. I.
Br. II.
Br. III.
Celli I.
Celli II.
C.-B.
dim.
pizz.

18
I. II.
3 gr. Fl
III.
2 Hob.
engl. Horn.
Heckelphon.
Es-Clar.
2 B-Clar.
2 Basseth.
I. espr.
I. II.
3 Fag.
III.
a 2
I. II.
4 Hörner (F)
III. IV.
I. II. Tromp. (F)
III. Posaune.
mit Holzschlägel
Becken.
18
V. Magd.
Ist sie nicht ein Kö-nigs-kind und dul - - - - det sol - che Schmach? Ich will die Fü -
espr.
I.
Viol. II.
III.
pizz.
arco
I.
Br. II.
III.
(pultweise geteilt)
I.
Celli.
II.
p espr.

19
I. gr. Fl.
2 Hob.
engl. Horn.
Heckelphon.
2 B-Clar.
2 Basseth.
3 Fag.
I. II. 4 Hörner (F) III. IV.
I. Tromp. (F)
II. III. Pos.
Pauke.
Aufseherin.
V. Magd.
I. II Viol. III
alle Br.
alle Celli.
espr.
cresc.
(hervortretend)
(ohne Dämpfer)
(stößt sie)
Hin-ein mit dir!
-Be ihr sal-ben und mit meinem Haar sie trocknen. Es gibt nichts auf der Welt, das kö-
gliss.
20
2 Hob.
engl. Horn
Heckelphon.
2 B-Clar.
2 A-Clar.
2 Basseth.
Baßcl. (B)
3 Fag.
Contrafag.
I. II. 4 Hörner (F) III. IV.
I. Trompete (F)
Baßtromp. (D)
III. Posaune.
Becken.
V. Magd.
I. II. Viol.
alle Br.
alle Celli.
C.-B.
(mit Dämpfer)
(mit Holzschl.)
II. u. III. a 2
-nig-li-cher ist als sie. Sie liegt in Lumpen auf der Schwel-le, a-ber Nie- mand, Nie- mand ist hier im
I pizz.
Doppelgriff
pizz.
arco
molto espr.

21
agitato M. 𝅗𝅥 = 96.
2 Hob.
engl. Horn.
Heckelphon.
2 B-Clar.
2 A-Clar.
2 Basseth.
Baßcl(B)
I. 3 Fag. II. III.
Contrafag.
I. II. 4 Hörner (F) III. IV.
(ohne Dämpfer)
Aufseherin
(stößt sie in die offene niedere Tür links vorn)
Hinein!
V. Magd.
Haus, der ih-ren Blick aus - - - hält
(in die Tür geklemmt)
Ihr alle seid nicht
I. II. Viol. III.
I. Br. II. III.
pultweise get.
Celli.
C.-B.
22
I. II. gr. Fl.
2 Hob.
engl. Horn.
Heckelphon.
Es-Clar.
2 B-Clar.
2 A-Clar.
2 Basseth.
II. III. Fagott.
I. II. 4 Hörner (F) III. IV.
I. Tromp. (F)
II. III. Posaune.
V. Magd.
wert, die Luft zu at - men, die sie at-met! O könnt ich euch al - le, euch er-hängt am Hal - se in ei-ner
alle Viol.
alle Br.
Celli.
C.-B.
pizz.
arco

23
accelerando
2 Hob.
engl. Horn.
Heckelphon.
2 B-Clar.
2 A-Clar.
2 Basseth.
Baßcl.(B)
II.III. Fag.
I.II.
4 Hörner (F)
III.IV.
III. Pos.
Pauke.
V. Magd.
Scheuer Dun-kel hängen sehn um dessen wil-len, was ihr an E-lek - - - - - - - - tra ge-
alle Viol.
alle Br.
Celli
pultweise geteilt.
C.-B.
a tempo primo
M. 𝅗𝅥 = 92.
24
I.II. gr. Fl.
2 Hob.
engl. Horn.
Heckelphon.
Es-Clar.
2 B-Clar.
2 A-Clar.
2 Basseth.
Baßcl. (B)
I.
3 Fag.
II.III.
I.II. Horn.
(F)
(schlägt die Tür zu)
Aufseherin.
Hört ihr das? Wir, an E-lek-tra, die ihren Napf von unserm Tische stieß, als man mit uns sie es-sen hieß, die aus-spie-
V. Magd.
tan.
a tempo primo M. 𝅗𝅥 = 92.
pizz.
arco
I.
Viol. II.
III.
I.
Br. II.
III.
Celli allein
Celli u. Bässe
Celli u. C-B.

25
I.II. 3 gr. Fl. III.
2 B-Clar.
I. A-Clar.
2 Basseth.
Baßcl. (B)
I.II. 3 Fag. III.
I.II. Horn (F)
I.II. Tromp. (F)
(mit Dämpfern)
Tamburin.
Aufseherin.
vor uns und Hün - dinnen uns nannte.
I. Magd.
Was? sie sagte: keinen Hund kann man er - nie - dern, wo - zu man uns hat ab - ge - rich - tet:
Viol.
pizz.
arco
(mit Dämpfern)
Br.
gliss.
D Saite
glissando
pultweise geteilt.
Celli allein. pizz.
Celli u. C-Bässe. arco
Celli u. C-B.
26
27
M. 𝅗𝅥 = 88
I. Fl.
4 Hörner (F)
3 Tromp.
(mit Dämpfer)
daß wir mit Wasser und mit immer frischem Wasser das e - wi - ge Blut des Mor - des von der Die - le ab - - - spü - len
III. Magd.
„und die Schmach" so sag - te sie,
Celli.
alle Celli u. C-B. (mit Dämpfern)

28
2 kl. Fl.
2 kleine Flöten.
Heckelphon.
Es-Clar.
2 B-Clar.
2 A-Clar.
2 Basseth.
Baßcl.(B)
I.
3 Fag.
II.III.
Contrafag.
I.II.
4 Hörner(F)
III.IV.
(mit Dämpfern)
I.II. (F)
3 Tromp.
III. (D)
(mit Dämpfer)
Baßtromp(D)
3 Posaunen.
I.Magd.
„Un - ser Leib,“ — so schreit sie,„starrt von dem Unrat, dem wir dienstbar sind.“
III.Magd.
„die Schmach, die sich bei Tag und Nacht er-neut, in Win - kel fe - gen.“
(die Mägde tragen die Gefäße ins Haus links)
I.II.
Viol.
III.
(Dämpfer weg)
pizz.
cresc.
I.
Br. II.
III.
alle Celli.
C.-B.
(dreifach)

29
2 Hob.
Heckelphon.
2 B-Clar.
2 A-Clar.
2 Basseth.
3 Fag.
I.II.
4 Hörner (F)
III.IV.
I.II. (F)
3 Tromp.
III. (D)
Baßtromp.(D)
3 Posaunen.
(mit Dämpfern)
(mit Dämpfer)
III.(mit Dämpfer)
a 2.
III. (allein)
Aufseherin.
(die ihnen die Tür aufgemacht hat)
Und wenn sie uns mit unsern Kindern sieht, so schreit sie: „Nichts kann so ver-flucht sein, nichts, als Kin-der, die wir hündisch auf der Trep-pe im
alle Viol.
alle Br.
alle Celli.
arco
pizz.
I. pizz.
30
31
I.II.gr. Fl.
2 Hob.
engl. Horn.
Heckelphon.
2 B-Clar.
2 A-Clar.
2 Basseth.
Baßcl.(B)
I.
3 Fag.
II.III.
I.II.
4 Hörner (F)
III.IV.
I.II. (F)
3 Tromp.
III. (D)
(mit Dämpfern)
Aufseherin.
Blu-te glitschend hier in diesem Hau-se em-pfangen und ge-bo-ren ha-ben." Sagt sie das o-der nicht? Sagt sie
I. Magd.
(im Abgehen) Ja, ja!
II. Magd.
Ja, ja!
III.IV. Magd.
Ja, ja!
alle Viol.
(Doppelgriff)
alle Br.
(Doppelgriff)
Celli.
(am Griffbrett)
pizz.
(Dämpfer weg)
C.-B.
cresc.
p cresc.
espr.

32 sehr schnell. M. 𝅗𝅥=92
vivace.
I.II.gr.Fl.
2 Hob.
engl.Horn.
Heckelphon.
Es-Clar.
2 B-Clar.
2 A-Clar.
2 Basseth.
Baßcl.(B)
I.
3 Fag.
II.III.
Contrafag.
I.II.
4 Hörner(F)
III. IV.
I.II.(F)
3 Tromp.
III. (D)
Baßtromp.(D)
I.II.
3 Posaunen.
III.
Contrabaß-posaune
Pauke.
Rute.
Aufseherin.
I.Magd.
II.Magd.
III.IV.Magd.
V.Magd.
alle Viol.
alle Br.
alle Celli.
C-B.
a 2.
I. allein.
espr.
dim.
(ohne Dämpfer)
(mit Dämpfern)
(mit Dämpfer)
marcato
arco
32
(die Aufseherin geht hinein, die Tür fällt zu.)
das o-der nicht?
(alle schon drinnen)
Ja, ja.
(innen) Sie schlagen mich.
sehr schnell. M. 𝅗𝅥=92
vivace.
f espr.

33
poco ritenuto
2 kl. Fl.
2 gr. Fl.
2 Hob.
engl. Horn.
Heckelphon.
Es-Clar.
2 B-Clar.
a 2.
2 A-Clar.
2 Basseth.
Baßcl. (B)
I.
3 Fag.
II. III.
a 2
Contrafag.
I. II.
4 Hörner (F)
III. IV.
(mit Dämpfern)
II. Tromp. (F)
(mit Dämpfern)
(Dämpfer weg)
3 Posaunen.
dim.
Contrabaß-posaune.
(Dämpfer weg)
Pauke.
33
poco ritenuto
alle Viol.
pizz.
molto espr.
arco
I.
Br. II.
III.
I.
Celli.
II.
(pultweise geteilt)
espr.
C.-B.

34 tempo primo. M. 𝅗𝅥 = 80
I.II. gr. Fl.
2 B-Clar.
2 A-Clar.
2. Basseth.
Baßcl. (B)
I. 3 Fag. II. III.
(mit Dämpfern)
(Dämpfer weg)
I. II. III. 4 Hörner (F) IV.
II. III. Posaune. (mit Dämpfern)
alle Viol.
Br. I. II. III.
pizz.
arco
Celli. I. II.
C.-B.
Elektra tritt aus dem Hause.
molto cresc.
35
Breit. (Viertel noch langsamer als vorher die Halben) M. 𝅗𝅥 = 66
Largamente.
36
engl. Horn.
Heckelphon.
2 B-Clar.
Baßcl. (B)
I. Fag.
Contrafag.
I. II. Horn (F)
Elektra.
Al - lein!
Weh, ganz al - lein.
Der Va - ter fort, hin - ab - geschleucht in
Breit. M. 𝅗𝅥 = 66
Largamente.
Viol. I. II. III.
(sehr gehalten)
(Doppelgriff)
Br. I. II. III.
Celli. I. II.
C-B.
marcato
molto espr.
espr.
p espr.
dim.

noch langsamer M. ♩= 58
ancor più lento
3 gr. Fl.
2 Hob.
engl. Horn.
2 B-Clar.
2 Basseth.
Baßcl. (B)
I. II. 3 Fagotte. III.
Contrafag.
I. II. 4 Hörner (F) III. IV.
I. II. 3 Posaunen III. und Contrabaß-tuba.
gr. Trommel.
Elektra.
molto dim.
(gegen den Boden)
seine kal-ten Klüf - te....
A-ga-mem - non! A-ga-mem - non! Wo bist du,
noch langsamer M. ♩= 58.
ancor più lento
I. II. Viol. III.
I. Br. II. III.
I. Celli. II.
C.-B.
I. Pult.
(G Saite nach F herabstimmen)
espr.
37
38
I. II. 3 Posaunen III. und Cb-Tuba.
Va - ter? Hast du nicht die Kraft, dein Angesicht herauf zu mir zu schleppen?
(leise)
Es ist die
alle Viol.
alle Br.
alle Celli.
(sehr getragen)
die Hälfte

39 M. 𝅗𝅥 = 63
M. 𝅗𝅥 = 69
3 gr. Fl.
I. Hob.
I. B-Clar.
I. Basseth.
Baßcl.(B)
I. II. 3 Fag. III.
(hervortretend)
p (hervortretend)
I. II. 4 Hörner(F) III. IV.
(mit Dämpfern)
(mit Dämpfern)
Baßtuba.
Elektra.
Stun - de, un - sre Stun-de ist's, die Stun - de, wo sie dich geschlachtet ha-ben, dein Weib und der mit ihr in ei-nem Bet-te, in dei-nem
I. II. Viol. III.
Br.
Celli.
(alle)
accelerando
senza
M. 𝅗𝅥 = 80
tempo primo. 40
3 gr. Fl.
2 Hob.
engl. Horn.
Heckelphon.
2 B-Clar.
2 A-Clar.
2 Basseth.
Baßcl.(B)
I. II. 3 Fag. III.
I. II. 4 Hörner(F) III. IV.
(ohne Dämpfer)
(ohne Dämpfer)
II. III. Posaune.
Baßtuba.
molto cresc.
dim.
Elektra.
kö - nig-li-chen Bet - te schlaft. Sie schlugen dich im Ba - de tot, dein Blut rann ü - ber dei - ne
accelerando
tempo primo. M. 𝅗𝅥 = 80
I. II. Viol. III.
I. II. Br. III.
I. Celli. II.
I. C.-B. II.

41
I.II.
3 gr.Fl.
III.
engl. Horn.
I.
2 B-Clar.
II.
2 Basseth.
Baßcl.(B)
I.II.
3 Fag.
III.
Contrafag.
I.II.
4 Hörner(F)
III.IV.
II.III. Posaune.
Elektra.
Au-gen, und das Bad dampfte von dei-nem Blut. Da nahm er dich, der Fei-ge, bei dem Schultern, zerr-te dich hin - aus aus dem Gemach, den
I.
Viol. II.
III.
I.
Br. II.
III.
(pultweise geteilt)
I.
Celli.
II.
I.
C.-B.
II.
dim. - pp

allmählich bewegter bis
poco a poco più mosso.
M. 𝅗𝅥 = 92

2 Hob.
engl. Horn.
2 B-Clar.
2 A-Clar.
2 Basseth.
Baßcl. (B)
2 Fag.
Elektra.

Kopf voraus, die Bei- - ne schleifend hin-ter- her:

allmählich bewegter bis
poco a poco più mosso.
M. 𝅗𝅥 = 92

Viol. I. II. III.
Br. I. II. III.
Celli. I. II.

festes Zeitmaß (mäßig bewegt.) M. 𝅗𝅥 = 80
a tempo moderato.

42

I. II. 3 gr. Fl. III.
2 Hob.
engl. Horn.
Heckelphon.
Es-Clar.
2 B-Clar.
2 A-Clar.
2 Basseth.
3 Fag.
I. II. Tromp. (F)
Baßtromp. (D)
II. III. Posaune.

43

Elektra.

Dein Au-ge, das star-re, off-ne, sah herein ins Haus. So kommst du wie- - der, set- - zest Fuß vor Fuß und stehst auf ein-mal

festes Zeitmaß (mäßig bewegt.) M. 𝅗𝅥 = 80
a tempo moderato.

Viol. I. II. III.
Br. I. II. III.
alle Celli.

Celli u. C.B.
f marcato

44
wieder breiter werden.
ritenente.
mäßig langsam. M. 𝅗𝅥=69
moderato assai.
I.II.
3 gr. Fl.
III.
2 Hob.
engl Horn.
Heckelphon.
Es-Clar.
2 B-Clar.
2 A-Clar.
2 Basseth.
I.II.
3 Fag.
III.
I.II.
4 Hörner (F)
III.IV.
I.II. (F)
3 Tromp.
III. (D)
Baßtromp.(D)
I.II.
3 Posaunen.
III.
Contrabaß-posaune.
Pauken.
Elektra.
da, die bei-den Au - gen weit of - fen,und ein kö - niglicher Reif von Purpur ist um deine Stirn, der speist sich aus des Hauptes off - ner Wun - de.
Viol.
Br.
Celli.
C.-B.
marcato
marc.
cresc.
(in C)
a 2.

45
I. II.
3 gr. Fl.
III.
2 Hob.
engl. Horn.
Heckelphon.
Es-Clar.
2 B-Clar.
2 A-Clar.
2 Basseth.
I. II.
3 Fag.
III.
Contrafag.
I. II.
4 Hörner (F)
III. IV.
I. II. (F)
3 Tromp.
III. (C)
Baßtromp. (C)
I. II.
3 Posaunen.
III.
Contrabaß-posaune.
Pauken.
gr. Trommel.
Elektra.
A-ga-mem - - - - non!
Va - ter!
Ich will dich sehn, laß mich heu - te nicht al-
I. II.
Viol.
III.
I. II.
Br.
III.
Celli.
(Doppelgriff)
C.-B.

ritard.
langsam. M. 𝅗𝅥 = 60
un poco lento.
I.II. gr. Fl.
2 Hob.
engl. Horn.
Heckelphon.
2 B-Clar.
2 A-Clar.
2 Basseth.
Baßcl.(B)
3 Fag.
I.II.
4 Hörner(F)
III.IV.
3 Tromp. (in Es)
(mit Dämpfern)(in Es)
(Dämpfer weg)
molto dim.
I. molto espr.
Elektra.
lein! Nur so wie ge - stern, wie ein Schat - ten, dort im Mau - er-win-kel zeig dich deinem Kind!
I.II.
Viol.
III.
alle Br.
Celli.
C-B.
pizz.
arco
pp molto espr.
46
allmählich wieder etwas fließender.
poco a poco più mosso.
Contrafag.
I. Tromp.(Es)
Baßtromp.(C)
Pauke.
a 2. espr.
Va - ter! A - ga - mem - non, dein Tag wird
alle Viol.
Br.

47 M. 𝅗𝅥=80
I.II.
4 gr. Fl.
III.IV.
2 Hob.
engl. Horn.
Heckelphon.
Es-Clar.
2 B-Clar.
2 A-Clar.
2 Basseth.
Baßcl.(B)
I.II.
3 Fag.
III.
Contrafag.
I.II.
4 Hörner(F)
III.IV.
III.Tromp.(Es)
Baßtromp.(C)
II.III. Posaune.
Pauken.
gr. Trommel.
2 Harfen.
(unisono)
(nicht harpeggiert)
Elektra.
kom - men. Von den Ster - nen stürzt al - le Zeit__ her - ab, so wird das Blut__ aus hun - dert Keh - len stür -
I.
Viol. II.
III.
I.
Br. II.
III.
Celli.
C.-B.
pizz.
arco
a 2.
cresc.
dim.

48
a 2.
M. 𝅗𝅥 = 88
I. II.
4 gr. Fl.
III. IV.
2 Hob.
Es-Clar.
2 B-Clar.
2 A-Clar.
2 Basseth.
I. II. Fag.
Contrafag.
I. II.
4 Hörner (F)
III. IV.
IV.
III. Posaune.
2 Tenortuben (in B)
2 Baßtuben (in F)
C-Baßtuba.
gr. Trommel.
48
Elektra.
- zen auf dein Grab! So wie aus um- geworfnen Krügen wird's aus den ge- bund - nen Mör- dern flie - ßen,
M. 𝅗𝅥 = 88
I.
Viol. II.
III.
I.
Br. II.
III.
Celli.
C-B.
cresc.
dim.

49

I. II. 4 gr. Fl. III. IV. — a 2. — *fpp* — *cresc.*

2 Hob. — a 2. — *p* — *cresc.*

engl. Horn. — *mf cresc.*

Heckelphon. — *mf cresc.*

Es-Clar. — *p cresc.*

2 B-Clar. — *fpp* — *cresc.*

2 A-Clar. — a 2 — *fpp* — *cresc.*

2 Basseth. — *fpp* — *cresc.*

Baßcl. (B) — *pp* — *cresc.*

3 Fag. I. II. III. — *fpp* — *pp* — *cresc.*

Contrafag. — *fpp*

4 Hörner (F) I. II. III. IV. — *pp* — *p* — *cresc.*

2 Tenortuben (B) — *fpp* — *pp*

2 Baßtuben (F) — *fpp* — *pp*

C.-Baßtuba. — *fpp* — *pp*

gr. Trommel. — *cresc.*

49

Elektra. und in ei - nem Schwall, in ei-nem geschwollnen Bach wird ih - res Le - - bens Le - - - - - - ben aus

Viol. I. II. III. — *fpp* — *cresc.*

Br. I. II. III. — *fpp* — *cresc.*

Celli. — *pp* — *cresc.*

C-B. — *fpp* — *cresc.*

50
breiter
allargando
51 M. 𝅗𝅥. = 50
𝅗𝅥. = 𝅗𝅥 des 4/4.
accelerando
I. II.
4 gr. Fl.
III. IV.
2 Hob.
engl. Horn.
Heckelphon.
Es-Clar.
2 B-Clar.
2 A-Clar.
2 Basseth.
Baßcl. (B)
I. II.
3 Fag.
III.
Contrafag.
I. II.
4 Hörner (F)
III. IV.
I. (F)
3 Tromp.
II. III. (Es)
Baßtromp. (C)
II. III. Posaune.
2 Tenortuben (B)
2 Baßtuben (F)
C-Baßtuba
1. Spieler.
2 Pauken.
2. Spieler.
2 Harfen. unisono
Elektra.
(hervortretend)
(wiehernd)
marcato
(mit feierlichem Pathos)
ihnen stür - - zen_ und wir schlachten dir die Ro - se, die im Hau - se sind, wir
Viol.
Br.
Celli.
C-B.
pizz.
arco
gliss.
dim.

accelerando
ritenuto
52
wieder etwas breiter M.♩.=54
un poco più moderato
kl. Fl.
I. II.
3 gr. Fl.
III.
2 Hob.
engl. Horn.
Heckelphon.
Es-Clar.
2 B-Clar.
2 Basseth.
Baßcl. (B)
I. II.
3 Fag.
III.
Contrafag.
I. II. III.
4 Hörner (F)
IV.
I. II.
3 Tromp. (Es)
III.
Baßtromp. (C)
III. Posaune.
Contrabaßpos.
2 Pauken.
Elektra.
treiben sie ___ vor dem Grab zusammen, und sie ahnen den Tod und wie- hern in die Todesluft
und sterben. Und wir schlachten dir die Hun- - - - de, die dir die
Flageolet
I.
Viol. II.
III.
Br.
mit Dämpfern
pizz.
arco
Celli.
C.-B.
espr.
cresc.
dim.
a 2

accelerando
I. II.
3 gr. Fl.
III.
2 Hob.
engl. Horn.
Heckelphon.
Es-Clar.
2 B-Clar.
2 A-Clar.
2 Bassetth.
Baßcl. (B)
I. II.
3 Fag.
III.
Contrafag.
I. II.
4 Hörner (F)
III. IV
I Tromp. (Es)
III. Posaune.
2 Pauken.
Elektra.
Fü - ße leck - ten, die mit dir ge-jagt, darum muß ihr Blut hinab, um dir zu Dienst zu sein, und wir,
accelerando
Viol. I. II. III.
Br. I. II. III.
ohne Dämpfer
Celli. I. II.
arco
C-B.

ziemlich bewegt, aber gewichtig (stets alla breve) M. 𝅗𝅥 = 54
assai mosso, ma con gravità (sempre alla breve)
53
54
I. II.
3 gr. Fl.
III.
2 Hob.
engl. Horn.
Heckelphon.
2 B-Clar.
2 A-Clar.
Baßcl. (B)
I. II.
3 Fag.
III.
Contrafag.
I. III.
4 Hörner (F)
II. IV.
2 Tromp. (Es)
Baßtromp. (C)
Pauken.
Becken.
Triangel.
2 Harfen.
unisono.
Elektra.
wir, dein Blut, dein Sohn Orest und deine Töch-ter, wir drei, wenn Al-les dies vollbracht und Pur - - - - pur-ge-zel-te
ziemlich bewegt, aber gewichtig (stets alla breve) M. 𝅗𝅥 = 54
assai mosso, ma con gravità (sempre alla breve)
Viol.
Br
Celli.
C-B.
I. espr.
a 2.
espr.
arco
pizz.

allmählich noch etwas bewegter M.𝅗𝅥.=60
poco a poco sempre più mosso
55
I. II gr. Fl.
2 Hob.
engl. Horn.
Heckelphon.
Es-Clar.
2 B-Clar.
2 A-Clar.
2 Basseth.
Baßcl. (B)
I. II.
3 Fag.
III.
Contrafag.
I. III.
4 Hörner (F)
II. IV.
2 Tenortuben (B)
2 Baßtuben (F)
Pauken.
gr. Trommel.
2 Harfen.
Elektra.
auf- - ge - rich - tet sind vom Dunst des Blu - - - - tes, den die Son - ne nach sich zieht, dann tan - zen wir,
allmählich noch etwas bewegter M.𝅗𝅥.=60
poco a poco sempre più mosso
I.
Viol. II.
III.
I.
Br. II.
III.
I.
Celli.
II.
C.-B.
arco
pizz.
a 2.
p espr.
I. espr.
cresc.
IV.

kräftig bewegt M. 𝅗𝅥. = 66
vigoroso
56
I. II.
3 gr. Fl.
III.
2 Hob.
engl. Horn
Heckelphon
2 B-Clar.
2 A-Clar.
2 Basseth.
Baßcl. (B)
I. II.
3 Fag.
III
Contrafag.
I. III.
4 Hörner (F)
II. IV.
I. II.
3 Tromp. (Es)
III.
Baßtromp. (C)
I.
3 Posaunen
II. III.
Contrabaßpos.
C-Baßtuba.
Pauken.
gr. Trommel.
2 Harfen.
Elektra.
dein Blut, rings um dein Grab:
(in begeistertem Pathos)
und ü - ber
I.
Viol. II.
III.
I.
Br. II.
III.
Celli.
C-B.
pizz. arco
cresc.

57
2 Hob.
2 B-Clar.
2 Basseth.
Baßcl. (B)
I. II.
3 Fag.
III.
Contrafag.
I. III.
4 Hörner (F)
II. IV.
I. II.
3 Tromp.(Es)
III.
Baßtromp. (C)
Pauken.
gr. Trommel.
2 Harfen.
57
Elektra.
Lei-chen hin werd ich das Knie hoch-he-ben Schritt für Schritt, und die mich werden so tan-zen sehn,
I.
Viol. II.
III.
I.
Br. II.
III.
Celli.
C.-B.
pizz.
arco
a 2
cresc.

58
I. II. gr. Fl.
2 Hob.
Heckelphon.
2 B-Clar.
2 A-Clar.
Baßcl. (B)
I. II.
3 Fag.
III.
Contrafag.
I. II.
6 Hörner (F)
III. IV.
V. VI.
Pauken
gr. Trommel.
2 Harfen.
Flageolet
58
Elektra.
ja, die meinen Schatten von weitem nur so werden tan-zen sehn, die werden sa- - - - - - - - gen:
Viol. I.
II.
III.
(pultweise geteilt)
espr.
Br. I.
II.
III.
(geteilt)
Celli.
pizz.
arco
C-B.
cresc.

59
I. II. 3 gr. Fl. III.
2 Hob.
engl. Horn.
Heckelphon.
Es-Clar.
2 B-Clar.
2 A-Clar.
2 Basseth.
Baßcl. (B)
I. II. 3 Fag. III.
Contrafag.
I. II. 6 Hörner (F) III. IV.
V. VI.
I. 3 Tromp. (Es) II. III.
Baßtromp. (C)
I. II. 3 Posaunen. III.
Pauken.
Becken. gr. Trommel.
Triangel.
2 Harfen.
Elektra.
ei-nem gro - - - ßen Kö - nig wird hier ein gro-ßes Prunk - - fest an-gestellt von sei-nem Fleisch und
I. Viol. II. III.
I. Br. II. III.
I. Celli. II.
C.-B.
hervortretend
espr.
pizz.
arco
cresc.

immer bewegter
sempre più mosso
60
I. II.
3 gr. Fl.
III.
2 Hob.
engl. Horn.
Heckelphon.
Es-Clar.
2 B-Clar.
2 A-Clar.
2 Basseth.
Baßcl. (B)
I. II.
3 Fag.
III.
Contrafag.
I. II.
6 Hörner (F)
III. IV.
V. VI.
I.
3 Tromp. (Es)
II. III.
Baßtromp. (C)
I. II.
3. Pos.
III.
Contrabaß-posaune.
Contrabaß-tuba.
Pauken.
Becken.
gr. Trommel.
Triangel.
2 Harfen.
gr. Tr.
zusammen
60
Elektra.
Blut und glück - lich ist, wer Kin - - der hat, die um sein
immer bewegter
sempre più mosso
I.
Viol. II.
III.
I.
Br. II.
III.
I.
Celli
II.
C.-B.

61
M. 𝅗𝅥. = 72
kl. Fl.
I. II.
3 gr. Fl.
III.
2 Hob.
engl. Horn.
Heckelphon.
Es-Clar.
2 B-Clar.
2 A-Clar.
2 Basseth.
Baßcl. (B)
I. II.
3 Fag.
III.
Contrafag.
I. II.
6 Hörner (F)
III. IV.
V. VI.
I.
3 Tromp. (Es)
II. III.
Baßtromp. (C)
I.
3. Pos.
II. III.
Contrabaß-posaune.
Contrabaß-tuba.
Pauken.
Becken.
gr. Trommel.
Triangel.
2 Harfen.
Elektra.
Viol.
Br.
Celli
C-B.
a 2.
molto cresc.
cresc.
(in C)
Becken
pizz.
arco
(Doppelgriffe)
ho - hes Grab so kö - nig - li - che Sie - ges - tän - ze

sehr bewegt M. 𝅗𝅥. = 76
molto mosso
62
kl. Fl.
I. II.
3 gr. Fl.
III.
2 Hob.
engl. Horn.
Heckelphon.
Es-Clar.
2 B-Clar.
2 A-Clar.
2 Basseth.
Baßcl. (B)
3 Fag.
Contrafag.
I. II.
III. IV.
8 Hörner (F)
V. VI.
VII. VIII.
I.
3 Tromp. (C)
II. III.
Baßtromp. (C)
I.
3. Pos.
II. III.
Contrabaß-posaune.
Contrabaß-tuba.
Pauken.
Becken.
gr. Trommel.
Triangel.
2 Harfen.
Elektra.
tan - - zen. A-ga-mem - - non! A-ga - mem - - - non!
alle Viol.
I
Br. II
III
I
Celli
II
C-B

63
kl. Fl.
I. II.
3 gr. Fl.
III.
2 Hob
engl. Horn.
Heckelphon.
Es-Clar.
2 B-Clar.
2 A-Clar.
2 Basseth.
Baßcl.(B)
3 Fag.
Contrafag.
I. II.
III. IV.
8 Hörner (F)
V. VI.
VII. VIII.
I.
3 Tromp.(C)
II. III.
Baßtromp.(C)
I.
3 Pos.
II. III.
Contrabaß-posaune
Contrabaß-tuba.
Pauken.
Becken. gr. Trommel.
Triangel.
2 Harfen.
63
I.
Viol. II.
III.
I.
Br. II.
III.
alle Celli.
C.-B.
a 2.
a 3.
cresc.
II.
(mit Holzschlägel)
pizz.
arco

sehr schnell M.𝅗𝅥=88
Allegro molto.
64
III. Flöte muta in II. kl. Flöte
kl. Fl.
I. II.
3 gr. Fl.
III.
2 Hob.
engl. Horn
Heckelphon
Es-Clar.
2 B-Clar.
2 A-Clar.
2 Basseth.
3 Fag.
Contrafag.
I Fagott allein
I. II.
III. IV.
8 Hörner (F)
V. VI.
VII. VIII.
(mit Dämpfern)
(sehr stark)
I. II.
3 Tromp. (C)
III.
Baßtromp. (C)
I.
3 Pos.
II. III.
Contrabaß-
posaune
Contrabaß-
tuba.
Pauken.
Triangel.
(mit Holzschlägel)
(gewöhnlich)
2 Harfen.
(I. Harfe allein)
64 (Chrysothemis, die jüngere Schwester, steht in der Haustür.) (leise)
Chrysothemis.
E - lek - - tra!
(Elektra fährt zusammen und starrt zuerst, wie aus einem Traum erwachend, auf Chrysothemis.)
Elektra.
Ah, das Ge-
sehr schnell M.𝅗𝅥=88
Allegro molto.
3 I. Soloviol.
die übrigen
I. u. II. Viol.
III. Viol.
pultweise geteilt
(mit Dämpfern)
1. Pult
I. Br.
2. Pult
3. Pult
II. u. III. Br.
1. Pult
I. Celli.
2. Pult
3. Pult
II. Celli.
C.-B.

65
(ruhig)
(tranquillo)
2 kl. Fl.
I. II. gr. Fl.
2 Hob.
engl. Horn.
Heckelphon.
2 B-Clar.
2 Basseth.
Baßcl.(B)
I. II.
3 Fag.
III.
Contrafag.
I. II.
6 Hörner (F)
III. IV.
V. VI.
I. II.
3 Tromp. (C)
III.
I. Pos.
Harfe.
Chrysoth.
Elektra.
(mit Dämpfern)
(mit Dämpfer)
(Dämpfer weg)
(weich)
a 2.
cresc.
dim.
gliss.
pizz.
arco
(steht an die Tür gedrückt)
Ist mein Ge-sicht dir so verhaßt?
sicht!
(heftig)
Was willst du? Rede, sprich, er-gie-ße dich, dann geh und laß mich!
3 I. Soloviol.
die übrigen I. Viol.
II. Viol.
III. Viol.
1. Pult.
I Br.
2. Pult.
3. Pult.
II Br.
III Br.
I. Celli.
II. Celli.
C.-B.

66 etwas breit M. 𝅗𝅥. = 69
meno mosso
67 wieder lebhafter
più mosso M. 𝅗𝅥. = 80
I. II.
3 gr. Fl.
III.
2 Hob.
engl. Horn.
Es-Clar.
2 B-Clar.
2 Basseth.
I. II.
3 Fag.
III.
I. II. Horn (F)
II. III. Pos.
Pauken.
66 (Chrysothemis hebt, wie abwehrend, die Hände)
Elektra.
Was hebst du die Hän-de?
So hob der Va - ter sei-ne bei - den Hände,
67
da fuhr das
Viol.
Br.
alle Celli.
C.-B.
68 wieder breiter M. 𝅗𝅥 = 58
meno mosso
Heckelphon.
2 B-Clar.
2 A-Clar.
Baßcl. (B)
I. II. Fag.
Contrafag.
I. II. Tromp. (C)
II. III. Pos.
(mit Dämpfern)
Beil hinab und spaltete sein Fleisch.
Was willst du?
Tochter meiner Mutter,
68
Toch-ter Klytäm-
Solo
Celli.
die übrigen alle
3 Solocelli
(mit Dämpfern)

accelerando
früheres Zeitmaß (sehr schnell)
a tempo (Allegro molto)
I. gr. Fl.
engl. Horn.
Heckelphon.
2 B-Clar.
2 Basseth.
Baßcl.(B)
I. II. Fag.
Contrafag.
II. III. Pos.
Chrysoth.
Elektra.
(leise)
Sie haben etwas Fürch-ter-liches vor.
Wer?
nes-tras?
Die beiden Wei-ber? Nun, meine Mutter und je-nes
Viol.
Br
I. II. 3 Solocelli. III.
C.-B.
(ohne Dämpfer)
pizz.
69
70
Viertel schlagen!
M. 𝅗𝅥 = 72
I. II. 3 gr. Fl. III.
2 Hob.
3 Fag.
I. II. 4 Hörner (F) III. IV.
3 Pos.
(mit Dämpfern)
andre Weib, die Memme, ei, Ä-gisth, der tapfre Meu-chel-mörder, er, der Hel-den-ta-ten nur im
Celli.
arco
gliss.
a 2.
a 3.

I. II.
3 gr. Fl.
III.
2 Hob.
engl. Horn.
Heckelphon.
2 B-Clar.
2 Basseth.
Baßcl.(B)
3 Fag.
I. II.
3 Pos.
III.
Contrabaß-posaune.
Chrysoth.
Elektra.
Viol.
Br.
alle Celli.
alle C.-B.
(ohne Dämpfer)
(ohne Dämpfer)
Sie werfen dich in ei-nen Turm, — wo du von
Bett vollführt.
Was ha-ben sie denn vor?
71 Viertel!
kl. Fl.
Es-Clar.
I. Fag.
Celli.
C.-B.
Sonn und Mond das Licht nicht se-hen wirst.
Sie tun's, ich weiß es, ich hab's ge-hört.
(Elektra lacht)
Wie hast denn du es
Viertel!
(pultweise geteilt) pizz.
arco
(geteilt)

72 M. 𝅗𝅥=92
2 kl. Fl.
Es-Clar.
2 B-Clar.
2 Bassetth.
I.II. Fag.
I. II. Horn (F)
I. II. Tromp. (C)
II. III. Pos.
Chrysoth.
Elektra.
I.-II. Viol.
I. II. Br.
alle Celli.
C.-B.
(mit Dämpfern)
a 2.
(leise)
An der Tür, E-lektra.
(ausbrechend)
hören können?
Mach keine Türen auf in diesem Haus!
Ge - preß - ter A - tem, pfui! und
1. Pult
73
I.II.grFl.
Baßcl. (B)
Contrafag.
Contrabaß-tuba.
Dämpfer weg)
(Dämpfer weg)
cresc.
Rö - cheln von Er - würgten, nichts and - res gibt's in diesen Mauern, mach keine Türen auf! Schleich nicht herum, sitz an der Tür wie ich und wünsch den

74
(etwas ruhiger werdend)
(poco a poco più tranquillo)
acceler.
2 Hob.
engl. Horn.
Heckelphon.
2 B-Clar.
2 A-Clar.
2 Basseth.
Baßcl.(B)
I. II. Fag.
I. II.
4 Hörner(F)
III. IV.
I.
3 Pos.
II. III.
Contrabaß-posaune.
Chrysoth.
Ich kann nicht sit - zen und ins Dun - kel star - ren, wie du. Ich
Elektra.
Tod und das Ge - richt herbei auf sie und ihn.
Doppelgriff
(Dämpfer weg)
I. II.
Viol.
III.
Br.
Celli.
C-B.
75
sehr lebhaft (ganze Takte schlagen)
molto vivace M. 𝅗𝅥. = 72
2 B-Clar.
3 Fag.
6 Hörner(F)
V. VI.
Pauken.
hab's wie Feu - er in der Brust, es treibt mich im - mer - fort her - um im Haus; in kei - ner Kammer lei - det's
(die Hälfte)

76
77
I. II. gr. Fl.
2 Hob.
Heckelphon.
2 B-Clar.
2 Basseth.
I.
3 Fag.
II. III.
I. II. Horn (F)
Chrysoth.
mich, ich muß von ei - ner Schwelle auf die an - dre, ach! trepp-auf, trepp - ab, mir
Viol. I. II. III.
Br. I. II. III.
Celli. I. II.
C.-B. (die Hälfte)
Solobaß
78
I. II. gr Fl.
2 Hob.
Heckelphon.
2 B-Clar.
2 Basseth.
Baßcl. (B)
I.
3 Fag.
II. III.
I. II.
6 Hörner (F)
III. IV.
V. VI.
(mit Dämpfern)
molto cresc.
Chrysoth.
ist, als rief es mich, und komm ich hin, so stiert ein lee - res Zim - mer mich
Viol. I. II. III.
Br. I. II. III.
Celli. I. II.
C.-B.

agitato 79
M. 𝅗𝅥. = 80
I. II. gr. Fl.
2 Hob.
Heckelphon.
2 B-Clar.
2 Basseth.
Baßcl. (B)
I. II. Fag.
I. II. 4 Hörner (F) III. IV.
(Dämpfer weg)
(Dämpfer weg)
II. III. Pos.
Pauken.
79
Chrysoth.
an.
Ich ha-be sol-che Angst, mir zittern die Knie bei Tag und
agitato
M. 𝅗𝅥. = 80
Viol. I. II. III.
Br. I. II. III.
Celli. I. II.
C.-B.
pizz.
arco
2 Hob.
engl. Horn.
Heckelphon.
2 B-Clar.
2 A-Clar.
2 Basseth.
Baßcl. (B)
I. II. 3 Fag. III.
V. VI. Horn (Es)
(in Es)
I. II. Tromp. (C)
Baßtromp. (C)
I. II. 3 Pos. III.
Contrabaß-tuba.
80
Chrysoth.
Nacht, mir ist die Keh-le wie zu-ge-schnürt, ich kann nicht einmal wei-nen, wie Stein ist al-les! Schwe-
(mit Dämpfern)
(Dämpfer weg)
alle Br.

81
2 Hob
engl.H.
Heckelphon.
2 B-Clar.
2 A-Clar.
2 Basseth.
3 Fag.
I. II.
8 Hörner (F)
III. IV.
V. VI. VII. VIII. (Es)
I. III. Pos.
Pauken.
Chrysoth.
- ster, hab Er - bar - - - - - - - men! Du bist es, die mit Ei - sen -
Elektra.
Mit wem?
I. II.
Viol.
III.
I. II.
Br.
III.
alle Celli u. C.-B.
82
2 Hob.
engl.H.
Heckelphon.
2 B-Clar.
2 A-Clar.
2 Basseth.
3 Fag.
I. II. (F)
8 Hörner.
III. IV. (F)
V. VI. VII. VIII. (Es)
I.
3 Pos.
II. III.
Pauken.
Chrysoth.
klam - mern mich an den Bo - den schmie - det. Wärst nicht du, sie lie - - - - - ßen uns hin - aus.
I. II.
Viol.
III.
I. II.
Br.
III.
alle Celli u. C.-B.

83
I.II.
3 gr. Fl.
III.
2 Hob.
engl. Horn.
Heckelphon.
2 B-Clar.
2 Basseth.
Baßcl.(B)
I.
3 Fag.
II.III.
Contrafag.
I.II. (F)
6 Hörner.
III.IV. (F)
V. VI. (Es)
(mit Dämpfern)
(Dämpfer weg)
I.II.
3 Tromp.(C)
III.
(mit Dämpfer)
Baßtromp.(C)
marcato
I.II.
3 Pos.
III.
Contrabaß-posaune.
Chrysoth.
Wär nicht dein Haß dein schlaf-lo-ses, un-bän-di-ges Ge-müt, vor dem sie zit-tern,
I.II.
Viol.
III.
I.
Br. II.
III.
I.
Celli.
II.
C.-B.
cresc.

84
85
I.II.
3 gr. Fl.
III.
2 Hob.
engl. H.
Heckelphon.
2 B-Clar.
2 Basseth.
Baßcl.(B)
I.
3 Fag.
II.III.
I.II.(F)
6 Hörner.
III.IV.(F)
V.VI.(Es)
Baßtromp.(C)
III. Posaune.
Contrabaß-posaune.
Chrysoth.
ah, so ließen sie uns ja her-aus aus die-sem Ker-ker, Schwe-ster! Ich will heraus!
(leidenschaftlich)
(con passione)
Viol. I. II. III.
Br. I. II. III.
Celli. I. II.
C.-B.
marcato
espr.
cresc.
dim.
glissando
G Saite
C Saite
(pult-

I.II.gr.Fl.
2 Hob.
Heckelphon.
2 B-Clar.
Baßcl.(B)
3 Fag.
I.II.(F)
6 Hörner.
III.IV.(F)
V.VI.(Es)
3 Pos.
Contrabaß-tuba.
Chrysoth.
Ich will nicht je-de Nacht bis an den Tod hier schla-fen! Eh' ich ster-be, will ich auch
weise geteilt)
I.II. Viol. III.
I.II. Br. III.
alle Celli.
C.-B.
(mit Dämpfern)
(Dämpfer weg)
86
äußerst lebhaft und feurig
molto vivace con fuoco
2 A-Clar.
2 Basseth.
I.Fag.allein
I.IITromp.(C)
Pauken.
le-ben! Kin-der will ich ha-ben, be-vor mein Leib ver-welkt, und wär's ein
(pultweise get.)
p subito

etwas breit a tempo
un poco slargando
87
88
2 B-Clar.
2 A-Clar.
2 Basseth.
Baßcl.(B)
I.
3 Fag.
II. III.
I. II. (F)
6 Hörner.
III. IV. (F)
V. VI. (Es)
Chrysoth.
Bauer, dem sie mich ge-ben, Kin - der will ich ihm ge-bä-ren und mit mei-nem Leib sie wär-men in kal-ten Näch-ten,
alle Viol.
I.
Br. II.
III.
alle Celli.
C.-B.
Solocello
(alle)
(die Hälfte)
89
90
2 kl. Fl.
I. II. gr. Fl.
Es-Clar.
2 B-Clar.
2 A-Clar.
2 Basseth.
Baßcl.(B)
I.
3 Fag. II.
III.
Contrafag.
I. II. F)
III. IV. (F)
V. VI. (Es)
3 Pos.
Contrabaß-tuba.
Pauken.
Chrysoth.
wenn der Sturm die Hüt - - - te zu-sam - - men-schüt-telt! Hörst du mich an?
alle Viol.
I.
Br. II.
III.
alle Celli.
C.-B. (die Hälfte.)
(alle)

3 gr. Fl.
2 Hob.
engl. H.
Heckelphon.
2 B-Clar.
Baßcl.(B)
3 Fag.
I. II. 4 Hörner (F) III. IV.
Chrysoth.
Elektra.
alle Viol.
alle Br.
alle Celli.
C.-B.
II. kl. Flöte muta in III. gr. Fl.
91
I. espr.
espr.
pizz.
(die Hälfte)
arco
pp subito
(Doppelgriff)
(alle)
(stets äußerst erregt)
(sempre molto agitato)
Sprich zu mir, Schwe - ster!
Hab Mit - leid mit dir sel - ber und mit
Ar - mes Ge - schöpf!
I. II. 4 gr. Fl.
2 Hob.
engl. H.
Heckelphon.
2 B-Clar.
2 Basseth.
Baßcl.(B)
I. 3 Fag. II. III.
Contrafag.
I. II. 4 Hörner (F) III. IV.
3 Tromp.(D)
Baßtromp.(D)
Chrysoth.
Viol. I. II. III.
Br. I. II. III.
Celli. I. II.
C.-B.
92
93
a 2
p espr.
molto cresc.
p subito
(mit Dämpfern)
(in D)
(Dämpf. weg)
G Saite
mir! Wem frommt denn sol - che Qual?
Der Va - - - ter, der ist

calando
94 Etwas langsamer M. 𝅗𝅥. = 66
meno mosso
I. Hoboe.
engl. H.
2 B-Clar.
2 Basseth.
I. II. Fag.
Contrafag.
2 Hörner (F) I. II.
III. Posaune.
Chrysoth.
tot. Der Bru-der kommt nicht heim. Im-mer si-tzen wir auf der Stan-ge wie an-ge-häng-te
mit Dämpfern
pizz.
arco
p marcato
espr.
dim.
Viol. I. II.
Br. I. II. III.
Celli. I. II.
C.-B.
95
96
Vö-gel, wenden links und rechts den Kopf und nie-mand kommt
Viol. I. II. III.

97
calando
I. Hoboe.
engl. H.
2 Basseth.
Pauken.
Chrysoth.
kein Bru - der_ kein Bo - te von dem Bru - der, nicht der Bo - - - te von ei-nem Bo - ten_
Viol. I. II. III.
Br. I. II. III.
Celli. I. II.
C.-B.
(mit Dämpfern)
dim.
98
ruhig beginnen M. 𝅗𝅥. = 60
tranquillamente
99
engl. H.
Heckelphon.
2 B-Clar.
2 Basseth.
Baßcl. (B)
3 Fag. I. II. III.
Contrafag.
III. IV. Horn. (F)
Chrysoth.
nichts._ Mit Messern gräbt Tag um Tag in dein und mein_ Ge - sicht sein Mal, und
pizz.
(Dämpfer weg)
arco
espr. (sehr getragen)
Viol. I. II. III.
Br. I. II. III.
alle Celli.
C.-B.

M. 𝅗𝅥. = 69
100
accelerando
steigern
wieder breiter
meno mosso
101
molto espr.
2 Hob.
engl.H.
Heckelphon.
2 Basseth.
Baßcl.(B)
I. 3 Fag. II.III.
Contrafag.
I.II. 4 Hörner(F) III.IV.
Contrabaß-tuba.
Chrysoth.
drau-ßen geht die Son-ne auf und ab, und Frau- -en, die ich schlank ge-kannt hab', sind schwer von Se-
alle Viol.
I. Br. II. III.
alle Celli.
C.-B.
allargando
plötzlich lebhafter M. 𝅗𝅥. = 76
subito più vivace
102
muta in III. Hoboe.
2 B-Clar.
I. II. (F)
III. IV. (F)
8 Hörner
V. VI. (Es)
VII.VIII.(Es)
-gen, müh'n sich zum Brun-nen, he-ben kaum die Ei-mer, und auf ein- -mal sind sie ent-bun-den ih-rer Last,
f (Doppelgriffe)

accelerando
erstes Zeitmaß (sehr lebhaft)
Tempo I (vivace assai) M. 𝅗𝅥. = 76
103
104
I. II.
3 gr. Fl.
III.
I. II.
3 Hob.
III.
Heckelphon.
2 B-Clar.
2 A-Clar.
2 Basseth.
3 Fag.
Contrafag.
I. III. (F)
II. IV. (F)
8 Hörner.
V. VI. (Es)
VII. VIII (Es)
I. Tromp. (Es)
(in Es)
II. III. Pos.
Contrabaß-tuba.
Pauken.
Chrysoth.
kom - - - men zum Brun - - - - nen wie - - der
und aus ih - - - nen sel - ber quillt
I. II.
Viol.
III.
I.
Br. II.
III.
I.
Celli.
II.
C.-B.
p subito
p espr.
espr.
cresc.
mf cresc.
p cresc.
f
dim.
a 2
a 3

105
I. II.
3 gr. Fl.
III.
I. II.
3 Hob.
III.
Heckelphon.
Es-Clar.
2 B-Clar.
2 A-Clar.
2 Basseth.
I.
3 Fag.
II. III.
I. III. (F)
II. IV. (F)
8 Hörner.
V. VI. (Es)
VII. VIII. (Es)
I. Tromp. (Es)
Pauken.
105
Chrysoth.
sü - ßer Trank,
und
I. II.
Viol.
III.
I.
Br. II.
III.
I.
Celli.
II.
C.-B.
(pultweise geteilt)
(pultweise geteilt)

106
107
immer lebhafter
sempre più vivace
I. II.
3 gr. Fl.
III.
I. II.
3 Hob.
III.
Heckelphon.
Es-Clar.
2 B-Clar.
2 A-Clar.
2 Basseth.
Baßcl. (B)
I.
3 Fag.
II. III.
I. III. (F)
II. IV. (F)
6 Hörner.
V. VI. (Es)
I. II. Tromp. (Es)
II. III. Pos.
Pauken.
Chrysoth.
säugend hängt ein Leben an ihnen, und die Kinder werden groß.
Viol.
Br.
Celli.
C.-B.
cresc.
pcresc.
a 2

108
kl. Fl.
I. II.
3 gr. Fl.
III.
I. II.
3 Hob.
III.
Heckelphon.
Es-Clar.
2 B-Clar.
2 A-Clar.
2 Basseth.
Baßcl.(B)
I.
3 Fag.
II. III.
I. III. (F)
II. IV. (F)
8 Hörner.
V. VI. (Es)
VII. VIII. (Es)
I. II. Tromp. (Es)
II. III. Pos.
Pauken.
108
Chrysoth.
Nein, ich bin ein Weib und will ein Wei-
I.
Viol. II.
III.
I.
Br. II.
III.
I.
Celli.
II.
C.-B.

109
immer schneller
sempre più vivace
110
kl. Fl.
I. II.
3 gr. Fl.
III.
I. II.
3 Hob.
III.
Heckelphon.
Es-Clar.
2 B-Clar.
2 A-Clar.
2 Basseth.
Baßcl.(B)
I.
3 Fag.
II. III.
I. III. (F)
II. IV. (F)
8 Hörner.
V. VI. (Es)
VII. VIII. (Es)
I. II.
3 Tromp. (Es)
III.
I.
3 Pos.
II. III.
Contrabaß-posaune.
Contrabaß-tuba.
Pauken.
Chrysoth.
ber - schick - sal!
Viol. I.
II.
III.
Br. I.
II.
III.
Celli. I.
II.
C.-B.
a 2
ff
dim.
mf

111
M. 𝅗𝅥. = 88
2 kl. Fl.
a 2
ff
I. II. gr. Fl.
I. II.
3 Hob.
III.
(muta in engl. Horn)
Heckelphon.
Es-Clar.
2 B-Clar.
2 A-Clar.
2 Basseth.
Baßcl.(B)
I.
3 Fag.
II. III.
Contrafag.
I. III. (F)
II. IV. (F)
8 Hörner.
V. VI. (Es)
VII. VIII. (Es)
cresc.
sfz
I. II.
3 Tromp. (Es)
III.
I.
3 Pos.
II. III.
Contrabaß-
posaune.
ffp
Pauken.
Chrysoth.
Viel lie-ber tot, als le- - - -ben
I.
Viol. II.
III.
I.
Br. II.
III.
I.
Celli.
II.
C.-B.

112
molto agitato
113
I. II. gr. Fl.
a 2
espr.
II. kleine Flöte muta in III. große Flöte.
2 Hob.
Heckelphon.
Es-Clar.
2 B-Clar.
2 A-Clar.
2 Basseth.
Baßcl. (B)
I.
3 Fag.
II. III.
Contrafag.
I. II. (F)
III. IV. (F)
8 Hörner.
V. VI. (Es)
VII. VIII. (Es)
(mit Dämpfern)
(Dämpfer weg)
cresc.
II. III. Pos.
Contrabaßtuba.
Pauken.
Chrysoth.
und nicht le - - - - - ben
(Sie bricht in heftiges Weinen aus.)
Viol.
Br.
(Doppelgriffe)
Celli.
C.-B.

114

M. 𝅗𝅥 = 92
Sehr schnell und hastig.
Allegro molto con fretta.

I. II. 3 gr. Fl. III.
2 Hob.
Heckelphon
Es-Clar.
2 B-Clar.
2 A-Clar.
2 Basseth.
Baßcl. (B)
I. 3 Fag. II. III.
Contrafag.
I. II. (F) 4 Hörner. III. IV. (F)
3 Tromp. (Es)
I. 3 Pos. II. III.
Contrabaßtuba.
Pauken.
gr. Trommel.

(mit Dämpfern)
(mit Dämpfer)
(mit Dämpfern)

114

Elektra.

Was heulst du? Fort, hinein! Dort ist dein Platz!

M. 𝅗𝅥 = 92
Sehr schnell und hastig.
Allegro molto con fretta.

I. Viol II. III.
I. II. 3 Solobr. III.
die übrigen I. Br.
II. Br.
III. Br.
Solocello.
die übrigen I. Celli.
II. Celli.
Solobaß.
die übrigen C.-B.

(mit Dämpfern)
(mit Dämpfer)
(mit Dämpfer)
(mit Dämpfern)
(mit Dämpfern)
(mit Dämpfer)

115
kl. Fl.
Es-Clar.
2 B-Clar.
2 Basseth.
Baßcl.(B)
I.
3 Fag.
II. III.
Contrafag.
gr. Trommel.
Becken.
Rute.
Elektra.
Es geht ein Lärm los.
(mit Holzschlägel)
(mit Dämpfern)
I.
Viol. II.
III.
I. II.
3 Solobr.
III.
die übrigen I. Br.
II. Br.
III. Br.
Solocello.
die übrigen I. Celli.
II. Celli.
Solobaß.
C.-B.
(Dämpfer weg)

116
kl. Fl.
2 Hob.
Engl. Horn.
Heckelphon.
2 B-Clar.
2 Basseth.
Baßcl. (B)
I.
3 Fag.
II. III.
Contrafag.
I. II. (F)
4 Hörner.
III. IV. (F)
Contrabaß-tuba.
gr. Trommel.
(gewöhnlich)
Becken.
Rute.
Triangel.
(höhnisch)
Elektra.
Stellen sie vielleicht für dich die Hoch-zeit an?
Ich hör sie lau-fen.
Das ganze
Viol. I. II. III.
pizz.
arco
1. Pult
2. Pult
4 Solobr.
die übrigen I. Br.
II. Br.
III. Br.
3. Pult
Solocello.
(mit Dämpfern)
die übrigen I. Celli.
II. Celli.
Solobaß.
C.-B.
2. 3. 4. Pult
p cresc.
p espr.

117
2 B-Clar.
2 A-Clar.
2 Basseth.
Baßcl.(B)
I.
3 Fag.
II. III.
Contrafag.
(mit Dämpfern) (in D)
3 Tromp.(D)
(ohne Dämpfer)
Baßtromp.(C)
gr. Trommel.
(mit Holzschlägel)
Becken.
Elektra.
Haus ist auf. Sie krei - ßen, oder sie morden! Wenn es an Leichen man - gelt, drauf zu schla - gen, müssen sie doch morden!
Br.
Celli.
C.-B.
cresc.
118
I. II.
3 gr. Fl.
III.
II. Hob.
engl. Horn.
Heckelphon.
2 Basseth.
Baßcl.(B)
gr. Trommel.
(mit Holzschlägel)
Becken.
Rute.
Chrysoth.
Geh fort, verkriech dich! daß sie dich nicht sieht. Stell dich ihr heut — nicht in den Weg:
1. 2. Pult.
I. Viol.
3. 4. Pult.
Br.
Celli.
C.-B.

119
120
kl.Fl.
I.
3 gr.Fl.
II.III.
engl.Horn.
Heckelphon.
Es-Clar.
2 B-Clar.
Baßcl. (B)
I,
3 Fag.
II.III.
Contrafag.
I.II. Horn (F)
I.Tromp.(D)
II.III. Pos.
Pauken.
gr. Trommel.
(mit Dämpfern)
(mit Dämpfern)
marcato
Chrysoth.
sie schickt Tod aus je - dem Blick.
Sie hat ge-träumt.
Geh fort von hier.
(Der Lärm von vielen Kommenden drinnen, allmählich näher.)
Br.
Celli.
C.B.
pizz.
arco

121
2 B-Clar.
2 Basseth.
Baßcl. (B)
I. 3 Fag. II. III.
Contrafag.
I. II. 4 Hörner (F) III. IV.
(mit Dämpfern.)
I. Tromp. (D)
marcato
(mit Dämpfer.)
gr. Trommel.
Chrysoth.
Sie kom-men durch die Gän - ge. Sie kom - men hier vor-bei. Sie hat ge-
I. Br. II. III.
I. Celli. II.
I. C.-B. II.
I. II. 3 gr. Fl. III.
I. Hob.
engl. Horn.
Heckelphon.
2 B-Clar.
2 Basseth.
Baßcl. (B)
I. 3 Fag. II. III.
Contrafag.
I. II. 4 Hörner (F) III. IV.
I. Tromp. (D)
gr. Trommel.
Chrysoth.
träumt. Sie hat geträumt, ich weiß nicht, was, ich hab es von den Mäg - den ge-hört: sie
I. Br. II. III.
I. Celli. II.
I. C.-B. II.

122
123
kl. Fl.
I. II.
3 gr. Fl.
III.
2 Hob.
engl. Horn.
Heckelphon.
Es-Clar.
2 B-Clar.
2 A-Clar.
Baßcl. (B)
I.
3 Fag.
II. III.
Contrafag.
I. II. Horn. (F) (mit Dämpf.)
I. II. Tromp. (D) (mit Dämpf.)
(II. mit Dämpfer)
I. Solo.
II. III. Pos.
I. II. (B)
4 Tuben.
III. IV. (F)
Chrysoth.
sa - gen, daß sie von O - rest, von O - rest ge-träumt hat, daß sie ge-schrien hat aus ih-rem Schlaf,
I. II.
Viol.
III.
alle Br.
Celli.
C.-B.
cresc.
dim.
p cresc.
molto cresc.
a 2.

kl. Fl.
I.
3. gr. Fl.
II. III.
2 Hob.
engl. Horn.
Heckelphon.
Es-Clar.
2 B-Clar.
2 A-Clar.
2 Basseth.
Baßcl. (B)
I.
3 Fag.
II. III.
Contrafag.
I. II.
4 Hörner (F)
III. IV.
(Dämpfer weg)
I. II.
3 Tromp. (D)
III.
(ohne Dämpfer)
Baßtromp. (D)
in D.
3 Pos.
Contrabaß-pos.
I. II. (B)
4 Tuben.
III. IV. (F)
Contrabaß-tuba.
gr. Trommel.
Chrysoth
wie ei - ner schreit, den man erwürgt.
(Fackeln und Gestalten erfüllen den Gang links von
I. II.
Viol.
III.
I.
Br.
II. III.
Celli.
C.-B.
cresc.

124
3 gr. Fl.
2 Hob.
engl. Horn.
Heckelphon.
Es-Clar.
2 B-Clar.
2 A-Clar.
2 Basseth.
Baßcl. (B)
I. 3 Fag. II. III.
Contrafag.
I. II. 4 Hörner (F) III. IV.
I. Pos.
III. IV. Tuba (F)
Contrabaß-tuba.
Pauken.
gr. Trommel.
Becken.
Rute.
124
Chrysoth.
Sie kommen schon, sie treibt die Mäg-de al-le mit Fackeln vor sich her. Sie schleppen Tie-re und
der Tür.)
I. Viol. 1. 2. 3. Pult.
die übrigen I. u. II. Viol.
III. Viol.
alle Br.
I. Celli. II.
C.B.

125

Viertel!

kl. Fl.

I. II. 3 gr. Fl. III.

2 Hob.

engl. Horn.

Es-Clar.

2 B-Clar.

2 A-Clar.

2 Basseth.

Baßcl. (B)

I. 3 Fag. II. III.

Contrafag.

I. II. 4 Hörner (F) III. IV.

(ohne Dämpfer) (in B)

I. II. 3 Tromp. (D) III.

I. Pos.

Chrysoth.

(dringend)

Op-fer-messer. Schwe - ster, wenn sie zit - tert, ist sie am schrecklichsten. Geh ihr nur heut, nur die - se Stun - de geh aus ihrem Weg!

Viertel!

1. Pult. I. Viol. 2. Pult. 3. Pult.

(ohne Dämpfer)

die übrigen I. u. II. Viol.

III. Viol.

Br. I. II. III.

espr. pizz. arco

Celli.

C.-B.

cresc.

*) Mit dreifachem Fingerwechel der rechten Hand sind die *pizzicati* auszuführen!

The pizzicati are to be played with three fingers of the right hand.

126
accelerando
tempo primo
I. II.
2 gr. Fl.
III.
2 Hob.
engl. Horn.
Heckelphon.
Es-Clar.
2 B-Clar.
2 A-Clar.
2 Basseth.
Baßcl. (B)
I.
3 Fag.
II. III.
Contrafag.
I. II.
4 Hörner (F)
III. IV.
I. II. (B)
3 Tromp.
III. (D)
(ohne Dämpfer)
Baßtromp. (C)
I. Pos.
III. IV. Tuba (F)
Contrabaß-tuba.
Pauken.
gr. Trommel.
(mit Holzschlägel)
Becken.
Rute.
126
Chrysoth.
Ich will's nicht hö - ren!
Elektra.
Ich ha-be ei-ne Lust, mit meiner Mut - ter zu re-den, wie noch nie!
(mit Dämpfern)
accelerando
tempo primo
I.
Viol. II.
III.
I.
Br. II.
III.
I.
Celli.
II.
I.
C.-B.
II.
cresc.

127
I. II.
3 gr. Fl.
III.
2 Hob.
engl. Horn.
Heckelphon.
2 B-Clar.
2 A-Clar.
2 Basseth.
Baßcl. (B)
I.
3 Fag.
II. III.
Contrafag.
I. II.
4 Hörner (F)
III. IV.
I.
3 Pos.
II. III.
I. II. (B)
4 Tuben.
III. IV. (F)
Contrabaß-tuba.
Pauken.
gr. Trommel.
(herausschleifen)
(Chrysothemis stürzt ab durch die Hoftür.)
127
(An den grell erleuchteten Fenstern klirrt und schlürft ein hastiger Zug vorüber: es ist ein Zerren, ein Schleppen von Tieren, ein gedämpftes Keifen, ein schnell ersticktes Aufschrein, das Niedersausen einer
I. II.
Viol.
III.
I. II.
Br.
III.
I.
Celli.
II.
I.
C.B.
II.

128
2 Hob.
engl. Horn.
Heckelphon.
2 B-Clar.
2 A-Clar.
2 Basseth.
Baßcl. (B)
I.
3 Fag.
II. III.
Contrafag.
I. II.
4 Hörner (F)
III. IV.
II. III. Pos.
I. II. (B)
4 Tuben.
III. IV. (F)
gr. Trommel.
Rute.
a 2.
cresc.
(heraufschleifen)
128
Peitsche, ein Aufraffen, ein Weitertaumeln.)
I. II.
Viol.
III.
I.
Br. II.
III.
I.
Celli.
II.
C.-B.

129
kl.Fl.
I.II.
3 gr.Fl.
III.
2 Hob.
engl.Horn.
Heckelphon.
Es-Clar.
2 B-Clar.
2 A-Clar.
2 Basseth.
Baßcl.(B)
I.
3 Fag.
II.III.
Contrafag.
I.II.
4 Hörner(F)
III.IV.
I.II.(B)
3 Tromp.
III.(D)
Baßtromp.(C)
I.
3 Pos.
II.III.
I.II.(B)
4 Tuben.
III.IV.(F)
Contrabaß-tuba.
Pauken.
Becken.
Rute.
a 2.
(mit Dämpfern) (in C)
(mit Dämpfern)
(mit Dämpfern)
(heraufschleifen)
(mit Holzschlägel)
cresc.
129
I.
Viol. II.
III.
I.
Br.
II.III.
I.
Celli.
II.
C.B.
(Dämpfer weg)
p cresc.

130
kl. Fl.
I. II.
3 gr. Fl.
III.
2 Hob.
engl. Horn.
Heckelphon.
Es-Clar.
2 B-Clar.
2 A-Clar.
2 Basseth.
Baßcl. (B)
I.
3 Fag.
II. III.
Contrafag.
I. II.
4 Hörner (F)
III. IV.
I. II. (C)
3 Tromp.
III. (D)
Baßtromp. (C)
I. II.
3 Pos.
III.
I. II. (B)
4 Tuben.
III. IV. (F)
Contrabaßtuba.
Pauken.
gr. Trommel.
Becken.
Rute.
I.
Viol. II.
III.
I.
Br. II.
III.
I.
Celli.
II.
alle C-B.
(mit Dämpfern)
(mit Dämpfer)
(mit Dämpfer)
(Dämpfer weg)
(Dämpfer weg)
(Dämpfer weg)
a 2
p cresc.
f sfz
molto cresc.
gliss.
130 (In dem breiten Fenster erscheint Klytämnestra. Ihr fahles, gedunsenes Gesicht, in dem grellen Licht der Fackeln, erscheint

131
kl. Fl.
a 2
I. II.
3 gr. Fl.
III.
2 Hob.
engl. Horn.
Heckelphon.
Es-Clar.
2 B-Clar.
2 A-Clar.
2 Basseth.
Baßcl. (B)
I.
3 Fag.
II. III.
Contrafag.
I. II.
4 Hörner (F)
III. IV.
I. II. Tromp. (C)
(mit Dämpfern)
I.
3 Pos.
II. III.
Contrabaß-posaune.
I. II. (B)
4 Tuben.
III. IV. (F)
Pauken.
gr. Trommel.
Becken.
Rute.
noch bleicher über dem scharlachroten Gewand. Sie stützt sich auf eine Vertraute, die dunkelviolett gekleidet ist, und auf einen elfenbeinern, mit Edelsteinen geschmückten Stab. Eine gelbe Gestalt, mit zurückgekämmtem schwarzem Haar, einer Egypterin ähnlich, mit glattem Gesicht, einer aufgerichteten Schlange gleichend, trägt ihr die Schleppe. Die Königin ist über und über bedeckt mit Edelsteinen und Talismanen. Die Arme sind voll von Reifen, ihre Finger starren von Ringen. Die Lider ihrer Augen scheinen übermäßig groß, und es scheint ihr eine furchtbare Anstrengung zu kosten, sie offen zu halten.)
131
I. II.
Viol.
III.
I.
Br. II.
III.
alle Celli.
alle C.-B.

kl.Fl.
a 2
I. II.
3 gr. Fl.
III.
2 Hob.
engl. Horn.
Heckelphon.
Es-Clar.
2 B-Clar.
2 A-Clar.
2 Basseth.
Baßcl. (B)
I.
3 Fag.
II. III.
Contrafag.
I. II.
4 Hörner (F)
III. IV.
I. II. (C)
3 Tromp.
III. (D)
(Dämpfer weg)
(ohne Dämpfer)
marcato
Baßtromp. (C)
(ohne Dämpfer)
I.
3 Pos.
II. III.
Contrabaß-posaune.
I. II. (B)
4 Tuben.
III. IV. (F)
Contrabaß-tuba.
Pauken.
f molto cresc.
gr. Trommel.
cresc.
Rute.
(Elektra richtet sich hoch auf)
I. II.
Viol.
III.
I.
Br.
II. III.
alle Celli.
alle C-B.

132
133
kl. Fl.
I. II.
3 gr. Fl.
III.
2 Hob.
engl. Horn.
Heckelphon.
Es-Clar.
2 B-Clar.
2 A-Clar.
2 Basseth.
Baßcl. (B)
I.
3 Fag.
II. III.
Contrafag.
I. II.
4 Hörner (F)
III. IV.
(gestopft)
(gestopft)
I. II. (C)
3 Tromp.
III. (D)
marcato
Baßtromp. (C)
I.
3 Pos.
II. III.
I. II. (B)
4 Tuben.
III. IV. (F)
Contrabaß-tuba.
Pauken.
gr. Trommel.
Rute.
Klytämnestra (öffnet jäh die Augen, zitternd vor Zorn tritt sie ans Fenster und zeigt mit dem Stock auf Elektra)
Klytämn.
Was willst Du? Seht doch, dort! So seht doch das! Wie es sich auf-bäumt mit ge-bläh-tem Hals
I. II.
Viol.
III.
I.
Br. II.
III.
alle Celli.
alle C.-B.
dim.

134
kl. Fl.
I.
3 gr. Fl.
II. III.
2 Hob.
engl. Horn.
Heckelphon.
Es-Clar.
I.
2 B-Clar.
2 A-Clar.
II. III. Fag.
Contrafag.
I. II.
4 Hörner (F)
III. IV.
(mit Dämpfern)
(mit Dämpfern)
I.
3 Tromp. (B)
II. III.
(mit Dämpfer)
(mit Dämpfern)
(in B)
(in B)
134
Klytämn.
(schwer atmend)
und nach mir züngelt! Und das laß ich frei in mei-nem Hau-se lau-fen!
III. Viol.
(mit Dämpfern)
I.
Br. II.
III.
alle C-B.
dim.
pp
ff
p
f
mf
mf
sfz

135
viel langsamer
molto meno mosso
accel.
ritard.
I.
3 gr. Fl.
II. III.
engl. Horn.
Heckelphon.
Es-Clar.
2 B-Clar.
2 A-Clar.
2 Basseth.
Baßcl. (B)
I.
3 Fag.
II. III.
Contrafag.
I. II.
4 Hörner (F)
III. IV.
Baßtromp. (C)
I.
3 Pos.
II. III.
I. II. (B)
4 Tuben.
III. IV. (F)
Contrabaß-tuba.
Pauken.
Klytämn.
Wenn sie mich mit ihren Blicken tö - ten könnte!
O Göt - ter, warum liegt ihr
(mit Dämpfern)
molto espr.
I. II.
Viol.
III.
1. Pult
I. Br. 2. Pult
3. Pult
II. Br.
III. Br.
alle Celli.
alle C.-B.
p cresc.
cresc.

136
a tempo, schleppend M. 𝅗𝅥 = 69
strascicando
137
I.
3 gr. Fl.
II. III.
engl. Horn.
Es-Clar.
2 B-Clar.
2 A-Clar.
2 Basseth.
Baßcl.(B)
I. II. Fag.
Contrafag.
I. II.
3 Hörner (F)
III.
I. II. (B)
4 Tuben.
III. IV. (F)
Klytämn.
so auf mir? Warum verwüstet ihr mich so? Warum
III. Viol.
1. Pult
I. Br. 2. Pult
3. Pult
II. Br.
III. Br.
I.
Celli.
II.
C.-B.
(mit Dämpfern)
(mit Dämpfer)
espr.
138
Mäßig M. 𝅗𝅥 = 72
moderato
Contrabaß-tuba.
muß mei-ne Kraft in mir ge-lähmt sein? Warum bin ich le-ben-di-gen Lei-bes wie ein wü-stes Ge-

139
I. 2 gr. Fl. II.
engl. Horn.
Es-Clar.
2 B-Clar.
2 A-Clar.
2 Basseth.
Baßcl. (B)
I. II. Fag.
Klytämn.
fild und die-se Nes - sel wächst aus mir her - aus, und ich
(ohne Dämpfer)
1. Pult
I. Viol. 2. Pult
3. Pult
(alle) I. Br.
II. Br.
III. Br.
alle Celli.
Solobaß.
alle C.-B.
cresc.
140
I. 2 gr. Fl. II.
2 Hob.
2 B-Clar.
2 A-Clar.
I. 3 Fag. II. III.
Contrafag.
(mit Dämpfern)
I. II. 4 Hörner (F) III. IV.
III. Pos. u. Contrabaßpos.
I. II. (B) 4 Tuben. III. IV. (F)
Contrabaß-tuba.
Klytämn.
hab nicht die Kraft zu jä - ten?
Warum geschieht mir das,
alle Viol.
alle C.-B.
dim.

141
I.
2 gr. Fl.
II.
2 B-Clar.
(hervortretend)
dim.
I.
3 Fag.
II. III.
Contrafag.
(in E) (ohne Dämpfer) (weich)
I. II.
3 Hörner (E)
III.
III. Pos.
I. II. (B)
4 Tuben.
III. IV. (F)
Contrabaß-tuba.
(ruhig)
Elektra.
Die Göt - ter! Bist doch
Klytämn.
ihr ew'gen Göt - ter?
II. Celli.
C.-B.
142
sel - - - ber ei - ne Göt - - - tin, bist, was sie sind!
(zu ihren Begleiterinnen)
Habt ihr ge - hört?
alle Viol.
alle Br.
alle Celli.

143
144 langsamer
più lento M. 𝅗𝅥 = 66
I.
3 gr. Fl.
II. III.
2 Hob.
Heckelphon.
Es-Clar.
2 B-Clar.
2 Basseth.
Baßcl. (B)
I.
3 Fag.
II. III.
I. Tuba (F)
Die Schleppträgerin.
Die Vertraute.
Klytämn.
alle I. Viol.
alle Br.
alle Celli.
II. C.-B.
(hervortretend)
II. (spitzig)
(spitzig)
(zischend)
Sie meint es tückisch.
Daß auch du vom Stamm der Göt-ter bist.
Habt ihr ver-stan-den, was sie re-det?
(Klytämnestra's schwere Augenlider fallen zu.)
langsamer
più lento M. 𝅗𝅥 = 66
(mit Dämpfern)
145 sehr ruhig M. 𝅗𝅥 = 60
molto tranquillo
146
I. Hob.
engl. Horn.
I. II. III. Horn (F) (mit Dämpfern)
IV. Horn (F) (ohne Dämpfer)
V. VI. Horn (E)
VII. Horn (E)
(ohne Dämpfer)
(in E)
(weich)
Das klingt mir so be-kannt. Und nur als hätt' ich's ver-ges-sen, lang und lang.
sehr ruhig M. 𝅗𝅥 = 60
molto tranquillo
(singend)
I. II. Viol. III.
I. Br. II. III.
Cellosolo.
Die übrigen I.
II. Celli.
I. C.-B. II.
(mit Dämpfern)
(ohne Dämpfer)
molto espr.

wieder etwas fließender im Zeitmaß
un poco più mosso
147
I.II. gr. Fl.
engl. Horn.
2 B-Clar.
2 A-Clar.
2 Bassetth.
Baßcl.(B)
I.
3 Fag.
II.III.
I.
3 Hörner.(F)
III.IV.
(III ohne Dämpfer)
marcato
I. II. Posaune. (mit Dämpfern)
Klytämn.
Sie kennt mich gut. Doch weiß man nie, was sie im Schilde führt.
(Die Vertraute und die Schleppträgerin flüstern miteinander.)
I. II.
Viol.
III.
Br.
(Dämpfer weg)
1. Pult
Solocello.
die übrigen
Celli.
C.-B.
148
poco calando
ruhig beginnen M. 𝅗𝅥. = 60.
tranquillo
I. gr. Fl.
2 Hob.
engl. Horn.
I. B-Clar.
2 A-Clar.
2 Basseth.
Baßcl.(B)
I. Fag.
(hervortretend)
(ohne Dämpfer)
I. II.
4 Hörner.(F)
III.IV.
(mit Dämpfern)
III. Posaune.
(mit Dämpfer)
Elektra.
(Elektra nähert sich langsam Klytämnestra.)
Du bist nicht mehr du sel- - - - - - -ber.
Solobratsche.
Solo
I. Celli.
die übrigen

149
M. 𝅗𝅥. = 66.
I.
3 gr. Fl.
II. III.
2 Hob.
engl. Horn.
Es-Clar.
2 B-Clar.
2 A-Clar.
2 Basseth.
Baßcl. (B)
I.
3 Fag.
II. III.
I. II. Horn. (F)
149
Elektra.
Das Gewürm hängt immerfort um Dich!
Was sie ins
M. 𝅗𝅥. = 66.
Solo
I. Viol.
2. 3. 4. Pult.
pultweise geteilt
II. Viol.
III. Viol.
I. Spieler.
I. Br. 1. Pult.
II. Spieler.
II. Br.
III. Br.
Solo
I. Celli.
die übrigen.
pizz.
C-B.
p espr.
dim.
cresc.
pp
mf
f
p

150 M. 𝅗𝅥. = 69.
kl. Fl.
I.
3 gr. Fl.
II. III.
2 Hob.
Heckelphon.
Es-Clar.
2 B-Clar.
2 A-Clar.
2 Basseth.
I.
3 Fag.
II. III.
III. IV. Horn. (F) (mit Dämpfern.)
II. III. Pos.
Contrabaß-posaune.
Elektra.
Soloviol.
III. Viol.
1. Pult.
I. Br.
die übrigen.
Solo
I. Celli.
die übrigen.
C-B.
pp
p
mf
f
cresc.
p espr.
mf espr.
marcato
(mit Dämpfern)
(beide)
p cresc.
150
Ohr dir zi - schen, trennt dein Den - ken fort und fort ent - zwei, so gehst du hin im
M. 𝅗𝅥. = 69.

151
schneller
più vivo
kl. Fl.
I.
3 gr. Fl.
II. III.
2 Hob.
(hervortretend)
Heckelphon.
(hervortretend)
Es-Clar.
I.
2 B-Clar.
II.
2 A-Clar.
2 Basseth.
Baßcl. (B)
I.
3 Fag.
II. III.
(mit Dämpfern)
I. II.
4 Hörner. (F)
III. IV.
(Dämpfer weg)
(III. Dämpfer weg)
II. III. Pos.
(Dämpfer weg)
Contrabaß-posaune.
(Dämpfer weg)
Contrabaß-tuba.
Pauken.
2 Harfen.
a 2.
151
Elektra.
Tau - mel, im - - - - - mer bist du, als wie im Traum.
Klytämn.
Ich will hin -
schneller
più vivo
Soloviol.
I. Br. (alle)
(mit Dämpfern)
I.
Celli.
II.
pizz.
(mit Dämpfern)
arco
I.
C.B.
II.
(pizz.)
arco

152
M. 𝅗𝅥 = 76.
𝅗𝅥. = 𝅗𝅥 des ¢
153 wieder ruhiger
poco a poco più
Es-Clar.
I.
2 B-Clar.
II.
2 A-Clar.
2 Basseth.
Baßcl.(B)
I.
3 Fag. II.
III.
Contrafag.
I.II.(B)
4 Tuben.
III.IV.(F)
Contrabaß-
tuba.
Pauken.
cresc.
dim.
(Sie geht vom Fenster weg und erscheint mit ihren Begleiterinnen in der Tür.)
(Von der Türschwelle aus) (etwas weicher)
Klytämn.
un-ter. Laßt, laßt, ich will mit ihr re - den.
Sie ist heute nicht
M. 𝅗𝅥 = 76.
(mit Dämpfern)
stringendo
pizz.
arco
(ohne Dämpfer)
p espr.
I.
Viol. II.
III.
Br. II.
(pultweise geteilt)
Celli.
C.-B.
(ohne Dämpfer)

*) I. u. II. Clarinette sehr gleichmäßig ineinander fliessend. Unter Umständen könnte die ganze Stelle von der I. Clarinette allein geblasen werden!

Clarinets I and II flowing into each other very smoothly. If necessary the whole passage could be played by Clarinet I alone.

Schnell und heftig. M. 𝅗𝅥 = 84.
Allegro violente
155
2 Hob.
engl. Horn.
Heckelphon.
Es-Clar.
2 B-Clar.
2 A-Clar.
2 Basseth.
Baßcl.(B)
I. II.
3 Fag.
III.
I. II.
4 Hörner.(F)
III. IV.
I. II.(B)
4 Tuben.
III. IV.(F)
Contrabaß-tuba.
Pauken.
Klytämn.
(auffahrend)
Ich will Nichts hören!
Schnell und heftig. M. 𝅗𝅥 = 84.
Allegro violente
(mit Dämpfern)
Viol.
Br.
Celli.
C-B.
pizz.
arco

156
kl.Fl.
I.II.gr.Fl.
2 Hob.
engl.Horn.
Heckelphon.
2 B-Clar.
2 A-Clar.
2 Basseth.
Baßcl.(B)
3 Fag.
I.II.
4 Hörner.(F)
III.IV.
(mit Dämpfern)
(mit Dämpfern)
I.II.(B)
4 Tuben.
III.IV.(F)
Contrabaß-tuba.
(mit Holzschlägel)
Pauken.
156
Klytämn.
Was aus Euch heraus kommt, ist nur der A-tem des Ägisth.
A Saite.
glissando
Viol.
Br.
Celli.
C.-B.

*) Flageolets stets so klingend, wie sie notirt sind: müssen demnach zwei Oktaven tiefer gegriffen werden!
Harmonics always sounding as written; thus they must be fingered as for the note two octaves lower.

159
160
kl. Fl.
I. Hob.
engl. Horn.
Heckelphon.
Es-Clar.
I Basseth.
Baßcl. (B)
I.
3 Fag.
II. III.
Contrafag.
(mit Dämpfern)
(in E)
I. II. Horn. (E)
II. III. Pos. (mit Dämpfern.)
Pauken.
Klytämn.
andre Ohr, daß du Dä - mo - nen ge - sehen hast mit lan-gen spit-zen Schnäbeln die mir das Blut aus-saugen?
Solo
I. Viol.
2. Pult.
dim.
(mit Dämpfern)
pizz.
arco
II. Viol.
III. Viol.
1. Pult.
I. Br.
die übrigen
II. Br.
I. Spieler.
1. Pult.
II. Spieler.
I. Celli.
die übrigen
II. Celli.
(mit Dämpfer)
C.-B.
die übrigen

161
molto acceler.
schneller più vivo
2 Hob.
engl. H.
Heckelphon.
2 B-Clar.
2 Basseth.
Baßcl. (B
I. 3 Fag. II. III.
Contrafag.
I. II. Horn. (F)
II. III. Pos.
I. II. (B) 4 Tuben. III. IV. (F)
Pauken.
gr. Trommel.
Klytämn.
Zeigst du nicht die Spu - ren mir an meinem Fleisch und folg' ich dir nicht und schlachte,
(ohne Dämpfer) (alle)
Viol. I. II. III.
1. Pult. I. Br. (die übrigen.)
II. Br.
III. Br.
1. Pult. I. Celli. (die übrigen.)
II. Celli.
Solo. C.-B. (die übrigen.)
pizz. arco

162
2 Hob.
engl. H.
Heckelphon.
Es-Clar.
2 B-Clar.
2 Basseth.
Baßcl.(B).
I.
3 Fag.
II. III.
Contrafag.
I. II.
4 Hörner (F)
III. IV.
(ohne Dämpfer)
II.III. Pos.
I. II. (B)
4 Tuben.
III. IV. (F)
gr. Trommel.
Klytämn.
schlachte, schlachte Op-fer um Op-fer?
Zerrt ihr mich mit euren Re -
Viol.
Br.
Celli.
C.-B.
cresc.
dim.

163
kl. Fl.
2 Hob.
engl. H.
Heckelphon.
2 B-Clar.
2 Basseth.
Baßcl. (B)
I. Fag.
I. II. III. Horn. (F)
(mit Dämpfern)
Klytämn.
- den und Ge - - gen-re - den nicht zu Tod? Ich will nicht mehr hö - ren: Das ist wahr, und das ist Lü - ge.
III Viol.
I. II. Br. III.
I. Celli.
II. Celli. u. I. C-Bässe.
164 M. 𝅗𝅥 = 72.
calando 165
kl. Fl.
I. gr. Fl.
I. Hob.
2 B-Clar.
Baßcl. (B)
I. II. Fag.
I. II. 4 Hörner. (F) III. IV.
(mit Dämpfern)
I. 3 Pos. II. III.
(II. Dämpfer weg)
p marcato
2 Pauken.
gr. Trommel.
Klytämn.
(dumpf)
Was die Wahr - heit ist, das bringt kein Mensch heraus.
Viol. I. II. III.
Br. I. II. III.
Celli. I. II.
1. Pult. C-Bässe. (die übrigen)
pizz.
arco
(Dämpfer weg)

a tempo
(fließend)
(scioltamente)
166
(immer schwer atmend)
Wenn sie zu mir re - det,
was mich zu hö - ren freut, —
so will ich horchen, auf
(mit Dämpfern)
(Dämpfer weg)
(ohne Dämpfer)
(stets die gleichen Viertel)
(mit Dämpfer)
167
calando
168
a tempo
(ruhig beginnend, dann allmählich fließender)
a tempo (tranquillo, poco a poco scioltamente)
(hervortretend)
was sie re - det. —
Wenn ei-ner et - was
(mit Dämpfern)
(Dämpfer weg)
engl. H.
2 B-Clar.
Baßcl. (B)
I. II. 3 Fag. III.
Contrafag.
I. II. 4 Hörner. (F) III. IV.
I. III. Pos. (mit Dämpf.)
Klytämn.
Viol.
Br.
Celli.
C.-Bässe. 1. Pult
I. II. gr. Fl.
2 A-Clar.
2 Basseth.
I. II. Fag.
C.-B.

169

schneller M. 𝅗𝅥 = 80 *più mosso*

𝅗𝅥 = 𝅗𝅥. des 6/4

wieder etwas ruhiger *meno mosso* M. 𝅗𝅥 = 72

2 Hob.
engl. H.
Heckelphon.
2 B-Clar.
2 A-Clar.
2 Basseth.
Baßcl. (B)
I. II. Fag.
III. IV. Horn (F)
Klytämn.
Viol. I. II. III.
1. Pult. I. Br. (ohne Dämpfer)
2. 3. Pult. (ohne Dämpfer)
II. III. Br. (Dämpfer weg)
Celli. I. II.
C.-B.

Klytämn.: An-geneh-mes sagt, (heftig) und wär es meine Toch - ter, wär es die da — will — ich von meiner See - le al - le Hül -

170

allmählich etwas fließender *poco a poco più scioltamente*

I. Fl.
engl. H.
Baßcl. (B)
I. Fag.
III. IV. Horn (F)
Klytämn.
Viol. I. II. III.
Br. I. (alle) II.
Celli. I. II.
C.-B. (pizz.)

Klytämn.: - len ab - streifen und das Fä - cheln sanf - ter Luft, von wo es kom - men mag, ein - las - sen,

171
172
I.
3 gr. Fl.
II. III.
engl. H.
2 B-Clar.
I. II. Fag.
IV. Horn. (F)
Klytämn.
wie die Kranken tun, wenn sie der küh-len Luft, am Tei- - - che sit- zend, a- - bends ihre Beu- - len und all ihr
Viol.
Br.
Celli.
C.-B.
173 M. 𝅗𝅥. = 80
2 Hob.
Heckelphon.
2 A-Clar.
3 Fag.
4 Hörner. (F)
Pauken.
Ei- terndes der küh- len Luft preis- ge- ben, a- bends.... und nichts an-dres den- ken, als
D Saite
glissando
pizz.
arco
espr.
dim.
cresc.
subito

174
poco accelerando
I. Fl.
2 Hob.
engl. H.
Heckelphon.
2 B-Clar.
2 A-Clar.
2 Basseth.
Baßcl. (B)
3 Fag.
4 Hörner (F)
Pauken.
Klytämn.
Lin - - - - - - - - - - - drung zu schaf - fen.
Viol.
Br.
Celli.
C.-B.
espr.
molto espr.
cresc.
dim.

175

I.
3 gr. Fl.
II. III.
2 Hob.
engl. H.
Heckelphon.
2 B-Clar.
2 A-Clar.
2 Basseth.
Baßcl. (B)
I.
3 Fag.
II. III.
I. III.
4 Hörner. (F)
II. IV.
I. II. Tromp. (E)
III. Pos. u. Contrabaßpos.
Pauken.

175

Klytämn. Laßt mich al - lein mit ihr! (Ungeduldig weist sie mit

eine Solovioline.

I.
Viol. II.
III.
I.
Br. II.
III.
I.
Celli.
II.
C.-B.

176
kl. Fl.
I.
3 gr. Fl.
II. III.
engl. H.
2 B-Clar.
2 A-Clar.
2 Basseth.
Baßcl. (B)
I.
3 Fag.
II. III.
2 Tromp. (E)
III. Pos. u. Contrabaßpos.
Klytämn.
dem Stock die Vertraute und die Schleppträgerin ins Haus. Diese verschwinden zögernd in der Tür. Auch die Fackeln verschwinden, und nur aus dem Innern des Hauses fällt ein schwacher Schein durch den Flur auf den Hof und streift hie und da die Gestalten der beiden Frauen.)
eine Solovioline.
eine Solobratsche.
Celli I. II.
C.-B.
ritard.
kl. Fl.
I. gr. Fl.
2 B-Clar.
2 A-Clar.
2 Basseth.
Baßcl. (B)
I. Fag.
I. II. Tromp. (E)
Contrabaß-posaune.
(Klytämnestra kommt herab.)
ritard.
eine Solovioline.
eine Solobratsche.

Mäßig langsam (stets alla breve). M. 𝅗𝅥 = 52
Moderato (sempre alla breve).
177
I. 3 gr Fl. II. III.
2 B-Clar.
Baßcl (B)
II. III. Horn (F)
a2 (mit Dämpfern)
I. II. 3 Pos. III.
(mit Dämpfern)
(mit Dämpfer)
I. II. (B) 4 Tuben. III. IV. (F)
Baßtuba.
Glockenspiel.
I. Harfe.
nicht harpeggiert
II. Harfe.
Klytämn.
(leise)
Ich habe keine guten Nächte.
Viol. I. II. III.
pizz.
I. II. Br. III.
(Doppelgriffe)
Celli.
C.-B.
178
179
I. II. gr. Fl.
I. Hob.
Baßcl. (B)
I. Fag.
Contrafag.
I. Horn (F)
(offen)
I. II. Tromp. (B)
(in B)
(mit Dämpfern)
3 Pos. (mit Dämpf.)
(mit Dämpfer)
Contrabaß-posaune.
Pauken.
marcato
Elektra.
(näher rückend)
Träumst du, Mutter?
Klytämn.
Weißt du kein Mittel gegen Träume?
Wer äl-ter wird,
𝅗𝅥. = 𝅗𝅥 des 3/4
𝅗𝅥 = 𝅗𝅥. des 6/4
I. II. Viol.
I. II. Br.
Celli.
(mit Dämpfern)
arco
II. p arco

*) Wenn Contrafagott die Stelle nicht gut ausführen kann, möge sie in Verdopplung vom II. und III. Fagott geblasen werden (natürlich eine Oktave tiefer).
If the contrabassoon cannot play the passage *well*, it may be doubled by Bassoons II and III (naturally, an octave lower).

poco calando
tempo primo
I. gr. Fl.
2 Basseth.
Baßcl.(B)
Contrafag.
II. III. (F)
3 Hörner.
(mit Dämpfern)
IV. (B)
Baßtromp.(C)
I. II.
3 Pos.
III.
(mit Dämpfern)
(mit Dämpfer)
Contrabaß-posaune.
(ohne Dämpfer)
I. II. (B)
4 Tuben.
(mit Dämpfern)
III. IV. (F)
Contrabaß-tuba.
(mit Dämpfer)
Pauken.
Glockenspiel.
I. Harfe.
II. Harfe.
Klytämn.
ge - ben_
Darum
bin ich so behängt mit Steinen,
denn es wohnt in jedem ganz sicher
eine
poco calando
tempo primo
(ohne Dämpfer)
pizz.
I. III.
Viol.
II.
(Doppelgriffe)
I. II.
Br.
III.
Celli.
C.-B.
(Doppelgriffe)

182
allmählich fließender
poco a poco più mosso
183
des 3/4
des ¢
I
3 gr. Fl.
II. III.
2 Hob.
engl. Horn.
Heckelphon.
2 B-Clar.
Baßcl.(B)
I.
2 Fag.
II.
I. Horn (F)
(ohne Dämpfer)
I. Tromp. (B)
II. III. Pos.
Contrabaß-posaune.
Pauken.
I. Harfe.
pp nicht harpeggiert
Elektra.
Ich, Mutter,
Klytämn.
Kraft. Man muß nur wissen, wie man sie nützen kann. Wenn du nur wolltest du könntest etwas sagen, was mir nützt.
Viol.
G-Saite
molto espr.
Solo.
I. Br.
(die übrigen)
II. Br.
III. Br.
(mit Dämpfern)
Celli.
C.-B.
(ohne Dämpfer)

184
acceler.
schon bewegter
più allegro
2 Hob.
engl. Horn.
Heckelphon.
2 B-Clar.
2 Basseth.
Baßcl. (B)
I.
3 Fag.
II. III.
Contrafag.
I. II.
4 Hörner (F)
(ohne Dämpfer)
III. IV.
I. Tromp. (B)
(ohne Dämpfer)
II. III. Pos.
Contrabaß-posaune.
Pauken.
Elektra.
ich?
Klytämn.
(ausbrechend)
Ja, du? Denn du bist klug. In deinem Kopf ist al-les stark. Du könntest vieles sagen, was mir nützt.
Viol.
(alle)
Br.
(Dämpfer weg)
Celli.
arco
C.-B.

185
calando
186 𝅗𝅥=48 Ziemlich langsam ¢
Moderato assai ¢
I. gr. Fl.
2 Hob.
engl. Horn.
Heckelphon.
I. Fag.
Contrafag.
3 Tromp. (B)
2 Tuben. (F)
Contrabaß-tuba.
(mit Dämpfern)
Klytämn.
Wenn auch ein Wort nichts weiter ist!
Was ist denn ein Hauch?
Und doch kriecht zwischen Tag und Nacht,
Viol. I. III.
I. Br.
II. Celli.
187
schleppend
strascicando
I. II. gr. Fl.
2 B-Clar.
I. II. Fag.
Baßtromp. (C)
(mit Dämpfer)
I. 3 Pos. II. III.
2 Tuben. (F) (mit Dämpfern)
Contrabaß-tuba. (mit Dämpfer)
2 Harfen. (unisono)
wenn ich mit offnen Augen lieg, ein Et - was hin ü - ber mich. Es ist kein Wort, es ist kein Schmerz, es drückt mich nicht, es würgt mich nicht.
Viol. I. II. III.
C.-B.

188
♩= 84
etwas breiter (Viertel!)
un poco più moderato
I. II.
3 gr. Fl.
III.
2 Hob.
I. espr.
engl. Horn.
2 B-Clar.
I. II.
3 Fag.
III.
Contrafag.
I. II.
4 Hörner (F)
III. IV.
(mit Dämpfern)
I Tromp. (B)
marcato
Baßtromp. (C)
(mit Dämpfer)
I.
3 Pos.
(mit Dämpfern)
II. III.
Contrabaß-
posaune.
2 Tuben. (F)
(mit Dämpfern)
Contrabaß-
tuba.
(mit Dämpfer)
2 Harfen.
Klytämn.
Nichts ist es nicht einmal ein Alp, und dennoch, es ist so fürch - terlich, daß mei - ne See - le sich
I.
Viol. II.
III.
I.
Br.
II.
espr.
I.
Celli.
II.
C.-B.

189
I. II.
3 gr. Fl.
III.
2 Hob.
engl. Horn.
Es-Clar.
2 B-Clar.
Baßcl. (B)
I. II.
3 Fag.
III.
I. II.
4 Hörner (F)
III. IV.
I. Tromp. (B)
III. Pos. (mit Dämpfer)
Contrabaß-posaune.
2 Tuben. (F) (mit Dämpfern)
Contrabaß-tuba. (mit Dämpfer)
Klytämn.
wünscht er-hängt zu sein, und je-des Glied in mir schreit nach dem Tod, und dabei leb' ich
Viol. I. II. III.
Br. I. II. III.
(ohne Dämpfer)
Celli. I. II.
C-B.
espr.
marcato
cresc.

190
191 ♩= 92
I. II.
3 gr. Fl.
III.
engl. Horn.
Heckelphon.
Es-Clar.
2 B-Clar.
2 A-Clar.
2 Basseth.
Baßcl. (B)
I. II.
3 Fag.
III.
I. II.
4 Hörner (F)
III. IV.
I. Tromp. (B)
Baßtromp. (C)
(mit Dämpfer)
I. II.
3 Pos.
(mit Dämpfern)
III.
(mit Dämpfer)
Contrabaß-posaune.
2 Tuben. (F)
(mit Dämpfern)
Contrabaß-tuba.
(mit Dämpfer)
Klytämn.
und bin nicht ein-mal krank: Du siehst mich doch: seh ich wie ei-ne Kran - ke?
Kann man denn vergehn lebend,
I.
Viol. II.
III.
I.
Br. II.
III.
I.
Celli.
II.
C.-B.
marcato
cresc.
dim.
sfz
pp
p
mf
f

192

kl. Fl.
I. II. 3 gr. Fl. III.
engl. Horn.
Heckelphon.
Es-Clar.
2 B-Clar.
2 A-Clar.
2 Basseth.
Baßcl. (B)
I. II. 3 Fag. III.
I. 3 Tromp. (B) II. III.
(mit Dämpfer)
(mit Dämpfern)
Baßtromp. (C) (mit Dämpfer)
(Dämpfer weg)
I. II. 3 Pos. (mit Dämpfern) III.
(Dämpfer weg)
(Dämpfer weg)
Contrabaß-posaune.
2 Tuben. (F) (mit Dämpfern)
Contrabaß-tuba. (mit Dämpfer)

192

Klytämn.
wie ein fau - les Aas? Kann man zerfal - len, wenn man gar nicht krank ist? zerfal - len wachen Sin - nes, wie ein Kleid zerfressen von den

Viol. I. II. III.
I. Br.
Celli. I. II.
C.-B.

193 ♩= 112

accelerando

bewegter più mosso

kl Fl.

I. II. 3 gr. Fl. III.

2 Hob.

engl. H

Heckelphon.

Es-Clar.

2 B-Clar.

2 A-Clar.

2 Basseth.

Baßcl. (B)

I. II. 3 Fag. III.

Contrafag.

4 Hörner (E) (mit Dämpfern) — in E

I. 3 Tromp. (B) (mit Dämpfern) II. III.

Basstromp. (C) — (mit Dämpfer)

I. II. 3 Pos. III. — (mit Dämpfern) (mit Dämpfer)

Contrabaßposaune. — (mit Dämpfer)

I. II. (B) 4 Tuben. III. IV. (F) — (mit Dämpfern) a 2

Contrabaßtuba.

Pauken.

Klytämn. — Motten? … Und dann schlaf ich

193 ♩= 112

accelerando

bewegter più mosso

Viol. I. II. III.

Br. I. II. III. — geteilt (Doppelgriff)

Celli. I. II. — (Doppelgriff) geteilt

C.B.

194
kl. Fl.
I. II.
3 gr. Fl.
III.
2 Hob.
engl. Horn.
Heckelphon.
Es-Clar.
2 B-Clar.
2 A-Clar.
2 Basseth.
Baßcl.(B)
I. II.
3 Fag.
III.
Contrafag.
I. II.
4 Hörner (E)
III. IV.
(mit Dämpfern.)
I. Tromp.(B)
Baßtromp(C)
(mit Dämpfer.)
I. II.
3 Pos.
(mit Dämpfern.)
III.
Contrabaß-
posaune.
(mit Dämpfer.)
I. II. (B)
4 Tuben.
(mit Dämpfern)
III. IV. (F)
Contrabaß-
tuba.
(mit Dämpfer.)
Pauken.
Klytämn.
und träu - me, träu - me,
daß sich mir das Mark in den Kno - - chen löst,
und taumle wieder
I.
Viol. II.
III.
I.
Br. II.
III.
I.
Celli.
II.
C-Bs
195
(in F)
(ohne Dämpfer.)
a 2
(1.2. Pult.)
(3. Pult.)
(4. Pult.)
(5.6. Pult.)
dim.
cresc.

allmählich bewegter 196
poco a poco più mosso
kl. Fl.
I. II. 3 gr. Fl. III.
2 Hob.
engl. Horn.
Heckelphon.
Es-Clar.
2 B-Clar.
2 A-Clar.
2 Basseth.
Baßcl. (B)
I. II. 3 Fag. III.
Contrafag.
I. II. 4 Hörner (F) (mit Dämpfern.) III. IV.
(mit Dämpfer.)
I. 3 Tromp. (B) (mit Dämpfern.) II. III.
(ohne Dämpfer.)
I. II. 3 Pos. III.
Contrabaß-posaune.
I. II. (B) 4 Tuben. (mit Dämpfern.) III. IV. (F)
Contrabaß-tuba.
Pauken.
Klytämn.
auf, und nicht der zehn - - - te Teil der Was - seruhr ist ab - gelau - fen, und was unterm Vorhang herein grinst
196
allmählich bewegter
poco a poco più mosso
I. Viol. II. III.
I. Br. II. III.
I. 1. 2. 3. Pult. Celli. II. 4. 5. 6. Pult.
C.-B.
a 2
cresc.
dim.
mf

p subito
197 festes Zeitmaß ♩ = 120
a tempo
kl. Fl.
I. II.
3 gr. Fl.
III.
2 Hob.
engl. Horn.
Heckelphon.
Es-Clar.
2 B-Clar.
2 A-Clar.
2 Basseth.
Baßcl. (B)
I. II.
3 Fag.
III.
Contrafag.
I. II.
4 Hörner (F)
(mit Dämpfern.)
III. IV.
I.
3 Tromp. (B)
(mit Dämpfern.)
II. III.
Baßtromp. (C)
I.
2 Pos.
III.
Contrabaß-posaune.
I. II. (B)
4 Tuben.
(mit Dämpfern.)
III. IV. (F)
Contrabaß-tuba.
(mit Dämpfer.)
gr. Trommel.
Klytämn.
ist noch nicht der fah le Mor - gen,
nein, im-mer noch die Fa-ckel vor der Tür, die
(ohne Dämpfer.)
(ohne Dämpfer.)
marcato
dim.
cresc.
Viol. I.
II.
III.
Br. I.
II.
III.
I. 1. 2. 3. Pult. Celli.
II. 4. 5. 6. Pult.
C.-B.

198 immer lebhafter
sempre più allegro
kl. Fl.
I.
3 gr. Fl.
II. III.
2 Hob.
engl. Horn.
Heckelphon.
Es-Clar.
2 B-Clar.
2 A-Clar.
2 Basseth.
Baßcl. (B)
I.
3 Fag.
II. III.
Contrafag.
I. II.
4 Hörner (F)
(mit Dämpfern.)
III. IV.
I.
(ohne Dämpfer)
3 Tromp. (B)
II. III.
(mit Dämpfern.)
Baßtromp. (C)
I.
2 Pos.
III.
Contrabaß-posaune.
I. II. (B)
4 Tuben.
(mit Dämpfern.)
III. IV. (F)
Contrabaß-tuba.
(mit Dämpfer.)
gr. Trommel.
Klytämn.
(hervortretend)
(mit Dämpfer.)
dim.
198
gräß-lich zuckt, wie ein Le - ben - diges und meinen Schlaf be - lau - ert.
Diese Träu - me müs - sen ein Ende... haben...
immer lebhafter
sempre più allegro
I.
Viol. II.
III.
I.
Br. II.
III.
alle Celli.
C. B.
espr.
cresc.

199

wieder etwas breiter werden
meno allegro

I. 3 gr. Fl. II. III.
2 Hob.
engl. H.
Heckelphon.
Es-Clar.
2 B-Clar.
2 A-Clar.
2 Basseth.
Baßcl. (B)
I. 3 Fag. II. III.
Contrafag.
I. II. 4 Hörner (F) (mit Dämpfern) III. IV.
(ohne Dämpfer)
I. 3 Tromp (B) II. III. (mit Dämpfern)
Baßtromp. (C)
I. 3 Pos. II. III.
I. II. (B) 4 Tuben (mit Dämpfern) III. IV. (F)
Contrabaßtuba (mit Dämpfer)
gr. Trommel.

Klytämn.: Wer sie immer schickt, ein je - der Dä - mon lässt von uns, sobald das

wieder etwas breiter werden
meno allegro

Viol. I. II. III.
Br. I. II. III.
Celli. I. II.
C.-B.

ritard.
a tempo
200
immer bewegter
sempre più moto
kl. Fl.
I.
3 gr. Fl.
II. III.
2 Hob.
engl. Horn.
Heckelphon.
Es-Clar.
2 B-Clar.
2 A-Clar.
2 Basseth.
Baßcl. (B)
I.
3 Fag.
II. III.
Contrafag.
I. II.
4 Hörner (F)
(mit Dämpfern.)
III. IV.
(Dämpf. weg.)
I.
3 Tromp. (B)
II. III.
(mit Dämpfern.)
Baßtromp (C)
I.
3 Pos.
II. III.
Contrabaß-posaune.
I. II. (B)
4 Tuben.
(mit Dämpfern.)
III. IV. (F)
Contrabaß-tuba.
(mit Dämpfer.)
Pauken.
gr. Trommel.
Becken.
200
Elektra.
Ein je - der!
Klytämn.
rech-te Blut geflossen ist.
(wild)
Und müßt ich je - des Tier, das kriecht und fliegt,
ritard.
a tempo
immer bewegter
sempre più moto
I. II.
Viol.
III.
I.
Br. II.
III.
I
Celli.
II.
C-B.
(Dämpfer weg.)
(Dämpf. weg.)

201
202
2 Hob.
Heckelphon.
2 B-Clar.
2 Basseth.
Baßcl. (B)
I.
3 Fag.
II. III
Contrafag.
Baßtromp. (C)
I. II.
3 Pos.
III.
Contrabaß-
posaune.
III. IV.
2 Tuben. (F)
gr. Trommel.
Tamtam.
Klytämn.
zur A - - - der lassen und im Dampf des Blu - tes auf - - - stehn und schla - - fen gehn, wie die Völker des letz - ten
I. II.
Viol.
III.
(mit Dämpfern geteilt)
I.
Br. II.
III.
I.
Celli.
II.
C.-B.
cresc.
dim.

sehr bewegt 𝅗𝅥 = 69
molto con moto

accelerando

203

kl. Fl.
I. 3 gr. Fl. II. III.
2 Hob.
engl. Horn.
Heckelphon.
Es-Clar.
2 B-Clar.
2 Basseth.
Baßcl. (B)
I. 3 Fag. II. III.
Contrafag.
I. II. 4 Hörner (F) III. IV.
I. 3 Tromp. (B) II. III.
(mit Dämpfer.)
(mit Dämpfern.)
Baßtromp. (C)
marcato
I. II. 3 Pos. III.
Contrabaß-posaune.
I. II. (B) 4 Tuben. (mit Dämpfern.) III. IV. (F)
(Dämpfer weg.)
(Dämpfer weg.)
Contrabaß-tuba (mit Dämpfer.)
Pauken.
Tamtam.

203

Elektra.
Wenn das

Klytämn.
Thu - le im blutroten Ne - - - bel: ich will nicht länger träumen.

204
2 Hob.
engl. Horn.
Heckelphon.
Es-Clar.
2 B-Clar.
3 Fag.
4 Hörner (F)
3 Tromp. (B)
(ohne Dämpfer.)
3 Pos.
Contrabaß-posaune.
4 Tuben.
(Dämpfer weg.)
Pauken.
gr. Trommel.
Becken.
Elektra.
rech - te Blut - - o - pfer unterm Bei - le fällt, dann träumst du nicht län - - - - - ger!
Klytämn.
(sehr hastig)
Also wüßtest du, mit welchem ge-
Viol.
Br.
alle Celli.
C-B.
pizz.
arco
espr.
dim.

etwas drängend
un poco stringendo
des 3/4
205
I. II. gr. Fl.
2 Hob.
2 B-Clar.
I. II. 3 Fag. III.
I. II. 4 Hörner (F) III. IV.
Pauken.
Becken.
Elektra.
Klytämn.
(geheimnisvoll lächelnd)
Mit einem un - geweih - - - - - ten.
weihten Tier?
Das drin ge-bunden liegt?
des 3/4 (sempre alla breve)
(ohne Dämpfer.)
I. II. Viol. III.
I. II. Br. III.
Celli.
C.-B.
molto dim.
pizz.
arco
dim.
206
I. II. gr. Fl.
2 Hob.
2 B-Clar.
I. II. Fag.
I. II. Horn (F)
I. II. Tromp. (B)
Becken.
Triangel.
2 Harfen unisono.
(mit Dämpfern.)
Nein, es läuft frei.
Und was für Bräu - che?
Wun - - - der - ba - - re Bräu - - - che und sehr ge -
Solo I. Viol.
die übrigen.
II. III. Viol.
I. II. Br. III.
Celli.
C.-B.

207
etwas ruhiger
un poco meno allegro
kl. Fl.
I. II. gr. Fl.
2 Hob.
Heckelphon.
Es-Clar.
2 B-Clar.
I. A-Clar.
2 Basseth.
Baßcl. (B)
I. II. Fag.
Contrafag.
I. II. Horn (F)
I. II. Tromp. (B)
Becken.
Triangel.
I. Harfe.
II. Harfe.
Elektra.
Klytämn.
(ohne Dämpfer)
(hervortretend)
nau zu ü - ben.
(heftig)
Rede doch!
Kannst du mich nicht er - ra - ten?
Nein, darum frag' ich.
(Elektra gleichsam feierlich beschwörend)
Den
Solo.
I. Viol.
die übrigen.
II.
Viol.
III.
arco
I.
Br. II.
III.
(Doppelgriff.)
Celli.
C.-B.
(gliss.)
auf D Saite)
pizz.
(mit Dämpfern)
flageolet

208
I. gr. Fl.
engl. Horn.
2 B-Clar.
Baßcl. (B)
I. Fag.
Contrafag.
II. III. Pos.
(mit Dämpfern)
Pauken.
Glockenspiel.
I. Harfe.
II. Harfe.
Elektra.
Ein Weib!
Klytämn.
Na-men sag' des Op - fertiers!
Von mei nen Dienerinnen eine, sag', ein Kind, ein jungfräuliches Weib? Ein Weib, das
Viol. I. II. III.
pizz.
Br. I. II. III.
p espr.
Celli.
C.-B.

209
210
I.
3 gr. Fl.
II. III.
2 Hob.
engl. Horn.
2 B-Clar.
2 A-Clar.
Baßcl. (B)
I. II. Fag.
III. IV. Horn (F)
I. II. Tromp. (B)
II. III. Pos.
Pauken.
Becken.
Triangel.
Glockenspiel.
I. Harfe.
II. Harfe.
Elektra.
Klytämn.
Viol.
Solo.
I. Br.
die übrigen.
Br.
Celli.
C.-B.
(mit Dämpfern)
(ruhig)
Ja erkannt, das ist's.
(ruhig)
An je - dem Ort zu
schon erkannt vom Manne?
(dringend)
Und wie das Op - fer? Und welche Stunde? Und wo?
pizz.
arco
3 Soli
Solo
(mit Dämpfern)
(ohne Dämpfer)

211
accelerando
I.
3 gr. Fl.
II. III.
2 Hob.
engl. Horn.
2 B-Clar.
2 A-Clar.
Baßcl. (B)
I. II. Fag.
III. IV. Horn (F)
I. II. Tromp. (B)
(mit Dämpfern)
Becken.
Triangel.
I. Harfe.
Elektra.
je - der Stun - de des Tags und der Nacht.
Klytämn.
Die Bräu - chesag'!
1. Pult
I. Viol.
die übrigen.
II.
Viol.
III.
Solo.
I. II. Br.
die übrigen
III. Br.
Celli.
(drängend)
arco
pizz.
(mit Dämpfern)
dim.
cresc.

212 tempo primo

kl. Fl.
I. 3 gr. Fl. II. III.
2 Hob.
engl. Horn.
Es-Clar.
2 B-Clar.
2 A-Clar.
Baßcl. (B)
I. II. Fag.
III. IV. Horn (F)
I. II. Tromp. (B) (mit Dämpfern)
Baßtromp. (C)
I. II. 3 Pos. III. (ohne Dämpfer)
Pauken.
Becken.
Triangel.
2 Harfen.

Klytämn.: Wie brächt' ich's dar? Ich sel - ber muß

212

Elektra.: Nein, dies - mal gehst du nicht auf die Jagd mit

tempo primo

1. Pult I. Viol.
die übrigen.
II. Viol.
III.
Solo. I. Br. die übrigen
II. Br. III.
Celli. (ohne Dämpfer)
C.-B.

accelerando
213 tempo primo
molto accelerando
kl.Fl.
I.
3 gr. Fl.
II. III.
2 Hob.
a 2
engl.Horn.
Heckelphon.
Es-Clar.
2 B-Clar.
2 A-Clar.
2 Basseth.
espr.
Baßcl.(B)
p espr.
I. Fag.
I. II.
4 Hörner (F)
III. IV.
III.
I.II.Tromp.(B) (mit Dämpfern)
(ohne Dämpfer)
Baßtromp.(C)
Becken.
Triangel.
2 Harfen.
213
Elektra.
(lacht)
Netz und mit Beil.
Ein Mann.
Ich sagte doch, ein Mann.
Klytämn.
Wer denn? Wer brächt' es dar?
Ägisth?
Wer? gib mir Ant - wort. Vom
accelerando
tempo primo
molto accelerando
1.Pult
I.Viol.
die übrigen.
II.
Viol.
III.
arco
Solo.
I. Br.
die übrigen
II.
Br.
III.
Celli.
C.-B.

214
sehr lebhaft 𝅗𝅥. = 92
molto vivace
immer
sempre
I.
3 gr. Fl.
II. III.
2 Hob.
engl. Horn.
Heckelphon.
2 B-Clar.
2 A-Clar.
2 Basseth.
Baßcl. (B)
I.
3 Fag.
II. III.
I. II.
4 Hörner (F)
III. IV.
(hervortretend)
I. II. Tromp. (B)
(ohne Dämpfer)
glissando
2 Harfen.
Elektra.
(zu Boden stierend, wie abwesend)
Ja, ja, ein Frem - der, a-ber frei - lich ist er vom Haus.
Klytämn.
Hause jemand? oder muß ein Fremder herbei?
Viol. I. II. III.
Br. I. II. III.
Celli.
lebhafter
più vivace
215
II. III. gr. Fl.
2 Hob.
engl. Horn.
Heckelphon.
2 B-Clar.
2 A-Clar.
2 Basseth.
Baßcl. (B)
I. II. Fag.
I.
2 Hörner (F)
III.
(hervortretend)
Elektra.
Klytämn.
Gib mir nicht Rät - sel auf. E - lek - tra, hör' mich an. Ich freue mich, daß ich dich
Viol. I. II. III.
Br. I. II. III.
Celli.

sempre accelerando e diminuendo
II.III gr. Fl.
2 Hob.
engl. Horn.
2 B-Clar.
2 A-Clar.
2 Basseth.
Baßcl. (B)
I. II. Fag.
I. 2 Hörner (F) III.
Klytämn.
heut' einmal nicht stör - risch fin - de....
I. II. Viol. III.
I. Br. II. III.
Celli.
216 sehr schnell 𝅗𝅥 = 72 molto allegro
217
2 Hob.
2 B-Clar.
I. Basseth.
Baßcl. (B)
3 Fag.
I. 2 Hörner (F) III.
III. Tromp. (B)
I. 3 Pos. II. III.
Elektra.
(leise)
Läßt du den Bru-der nicht nach Hause, Mutter?
So hast du Furcht vor ihm?
Klytämn.
Von ihm zu reden hab' ich dir verboten.
Wer

I. Hob.
Heckelphon.
2 B-Clar.
Baßcl.(B)
I. Fag.
II. Horn (F)
Elektra.
Klytämn.
I.
Br.
II.III.
Celli.
p espr.
(hervortretend)
Mutter, du zit-terst ja!
Wie?
sagt das? Wer fürchtet sich vor einem Schwachsinnigen. Es heißt, er stammelt, liegt im Ho-fe bei den Hun-den und
218
I. II. Fag.
I. II. Horn (E)
I. II. Viol.
C.-B.
(in E)
marcato
Das Kind war ganz gesund.
weiß nicht Mensch und Tier zu un-ter-schei-den.
Es heißt, sie gaben ihm schlechte Woh-nung und
espr.
pizz.
219
2 Hob.
engl. Horn.
2 Basseth.
II.IV. Horn (F)
II.III. Tromp.(B)
alle Viol.
cresc.
(in F)
(ohne Dämpfer)
Ah!
(mit gesenkten Augenlidern)
Du lügst!
Tie-re des Ho-fes zur Ge-sell-schaft. Ich schick-te viel Gold und wie-der Gold, sie sollten ihn gut hal-ten wie ein Königskind.
(mit Dämpfern)
(mit Dämpfern) arco
arco

220
I.II. gr. Fl.
2 Hob.
engl. Horn.
Heckelphon.
2 B-Clar.
2 Basseth.
Baßcl. (B)
I. II.
3 Fag.
III.
Contrafag.
I. III.
4 Hörner (F)
II. IV.
I.
3 Tromp. (B)
II. III.
3 Pos.
Contrabaß-posaune.
Contrabaß-tuba.
gr Trommel.
Triangel.
(mit Dämpfer)
(mit Dämpfern)
(mit Dämpfern)
(mit Dämpfer)
(mit Dämpfer)
220
Elektra.
Du schicktest Gold, da-mit sie ihn er - wür - - - gen. Ich seh's an deinen Au - gen. Allein an deinem
Klytämn.
Wer sagt dir das?
alle Viol.
alle Br.
(ohne Dämpfer)
Celli.
C.-B.
2 Hob.
engl. Horn.
Heckelphon.
2 B-Clar.
2 Basseth.
I. II.
3 Fag.
III.
I. II. Tromp. (B)
(ohne Dämpfer)
Baßtromp. (C)
Elektra.
Zit - tern seh' ich auch, daß er noch lebt, daß du bei Tag und Nacht an nichts denkst als an ihn.
alle Viol.
cresc.
alle Br.
cresc.
Celli.

221
222
sehr schnell (ganze Takte schlagen)
presto
2 Hob.
engl. Horn.
Heckelphon.
2 B-Clar.
2 A-Clar.
2 Basseth.
Baßcl. (B)
I. II.
3 Fag.
III.
Contrafag.
I. II.
4 Hörner. (F)
III. IV.
I. II.
3 Tromp. (B)
III.
(ohne Dämpfer)
Baßtromp. (C)
I.
3 Pos.
(mit Dämpfern)
II. III.
Contrabaß-
posaune.
(mit Dämpfer.)
I. II. (B)
4 Tuben.
III. IV. (F)
Contrabaß-
tuba.
(mit Dämpfer)
(Dämpfer weg)
Pauken.
Elektra.
Daß dir das Herz ver-dorrt vor Grau-en, weil du weißt: er kommt.
Klytämn.
Was kümmert mich, wer außer Haus ist. Ich le - be
alle Viol.
Br.
Celli.
C.-B.

kl. Fl.
I.
3 gr. Fl.
II. III.
a 2.
2 B-Clar.
2 A-Clar.
2 Basseth.
Baßcl. (B)
I. II.
3 Fag.
III.
Contrafag.
I. II. (B)
4 Tuben.
III. IV. (F)
Contrabaß-tuba.
gr Trommel.
Klytämn.
hier und bin die Her - - rin.
Die-ner hab' ich ge-nug, die To - re zu be-wa-chen,
und wenn ich will:
Viol. I.
II.
III.
Br. I.
II.
III.
Celli.
C.-B.
cresc.
pp cresc.
pizz.
arco

223
Hob.
engl. Horn.
Heckelphon.
2 B-Clar.
2 Basseth.
I. II.
3 Fag.
III.
I. II. (B)
4 Tuben.
III. IV. (F)
Contrabaß-tuba
gr Trommel.
Klytämn.
laß ich bei Tag und Nacht vor mei-ner Kam-mer drei Be-waff-ne-te mit of-fe-nen Au-gen sit-zen. Und aus dir
alle Viol.
alle Br.
Celli.
C.-B.
a 2. marcato
marcato
a 2.
p marcato
pizz.
arco
cresc.
224 (dreitaktig) ritmo di tre battute
I. II gr. Fl.
I. B-Clar.
I. Basseth.
I. II.
3 Fag.
III.
staccato
II. III. Pos. (mit Dämpfern)
Contrabaß-posaune. (mit Dämpfer.)
Contrabaß-tuba. (mit Dämpfer)
gr. Trommel.
Glockenspiel.
2 Harfen.
224
Klytämn.
bring ich so o-der so das rechte Wort schon an den Tag. Du hast dich schon ver-ra-ten, daß du das rech-te Op-fer weißt und auch die Bräu-che, die mir
(dreitaktig) ritmo di tre battute
I.
Viol. II.
III.
I.
Br. II.
III.
Celli.
C.-B.

225
accelerando
226
I.II.gr. Fl.
2 B-Clar.
2 Basseth.
Baßcl. (B)
I. II.
3 Fag.
III.
(mit Dämpfern)
I. III.
4 Hörner (F)
II. IV.
a 2.
II. III. Pos. (mit Dämpfern)
Contrabaß-posaune. (mit Dämpfer)
I. II. (B)
4 Tuben.
III. IV. (F)
Contrabaß-tuba. (mit Dämpfer)
gr. Trommel.
Glockenspiel.
2 Harfen.
Klytämn.
nüt - zen. Sagst du's nicht im Frei - en, wirst du's an der Ket - te sa - gen. Sagst du's nicht satt, so sagst du's
Viol.
Br.
Celli.
C.-B.
arco
pizz.
arco (geteilt)
(Doppelgriff)

*) Wenn nicht gut ausgeführt, bis zum 3/4 Takt weglassen!

If the part cannot be played well, omit up to the 3/4 passage.

228 ♩.=63
(dreitaktig)
ritmo di tre battute
229
immer lebhafter
sempre più mosso.
kl. Fl.
I. II.
3 gr. Fl.
III.
2 Hob.
engl. Horn.
Heckelphon.
Es-Clar.
2 B-Clar.
2 A-Clar.
2 Basseth.
I. II.
3 Fag.
III.
Contrafag.
I. II.
4 Hörner (F)
III. IV.
(ohne Dämpfer)
I. II.
3 Tromp. (B)
(mit Dämpfer)
III.
(Dämpfer weg)
(Dämpfer weg)
II. III. Pos.
(mit Dämpfern)
Contrabaß-posaune.
(mit Dämpfer)
IV. Tuba (F)
Contrabaß-tuba.
(mit Dämpfer)
Pauken.
gr. Trommel.
Glockenspiel.
2 Harfen.
Klytämn.
ist nur ein Narr. Ich finde mir her-aus, wer-blu-ten muß, da-mit ich wie-der
Viol. I. II. III.
(Dämpfer weg)
pizz.
Br. I. II. III.
Celli. I. II.
C.-B.

𝅗𝅥=88
sehr schnell
molto vivo
kl. Fl.
I. II
3 gr. Fl.
III.
2 Hob.
engl. Horn.
Heckelphon.
Es-Clar.
2 B-Clar.
2 A-Clar.
2 Basseth.
Baßcl. (B)
I. II.
3 Fag.
III.
Contrafag.
I. II.
4 Hörner (F)
III. IV.
I. II.
3 Tromp. (B)
III.
Baßtromp. (C)
I.
3 Pos.
II. III.
Contrabaß-posaune (mit Dämpfer)
I. II. (B)
4 Tuben
III. IV. (F)
Contrabaß-tuba (mit Dämpfer)
Pauken.
gr. Trommel.
Glockenspiel.
2 Harfen.
Klytämn.
I. II.
Viol.
II.
I.
Br. II.
III.
I.
Celli.
II.
C.-B.
cresc.
a 2.
marcato
(Dämpfer weg)
hervortretend
molto cresc.
schla - fe.
(Elektra mit einem Sprung aus dem Dunkel auf Klytämnestra zu, immer näher an ihr, immer furchtbarer anwachsend.)
sehr schnell 𝅗𝅥=88
molto vivo
arco

230
kl. Fl.
I. II.
3 gr. Fl.
III.
2 Hob.
engl. Horn.
Heckelphon.
Es-Clar.
2 B-Clar.
2 A-Clar.
2 Basseth.
Baßcl. (B)
I. II.
3 Fag.
III.
Contrafag.
I. II.
4 Hörner (F)
III. IV.
I. II.
3 Tromp. (B)
III.
Baßtromp. (C)
I.
3 Pos.
II. III
Contrabaß-posaune.
I. II. (B)
4 Tuben.
III. IV. (F)
Pauken.
Becken.
mit Holzschlägel
marcato
230
Elektra.
Was blu-ten muß?
Dein ei-ge-nes Ge-nick, wenn dich der Jä-ger
I. III.
Viol.
II.
I.
Br.
II. III.
alle Celli.
C.-B.

231
232
kl. Fl.
I. II. gr. Fl.
2 Hob.
engl. Horn.
Heckelphon.
Es-Clar.
2 B-Clar.
2 A-Clar.
2 Basseth.
Baßcl. (B)
I. II.
3. Fag.
III.
Contrafag.
I. II.
4 Hörner. (F)
III. IV.
II. III. Tromp. (B)
Baßtromp. (C)
I.
3. Pos.
II. III.
I. II. (B)
4 Tuben.
III. IV. (F)
Contrabaß-tuba.
Pauken.
gr. Trommel.
Elektra.
ab-ge-fan - gen hat.
Ich hör ihn durch die Zimmer gehn,
ich hör ihn den
I.
Viol. II.
III.
I.
Br.
II. III.
alle Celli.
C.-B.
molto cresc.
a 2.
staccato
f staccato

233
kl. Fl.
I. II. gr. Fl.
2 Hob.
engl. Horn.
Heckelphon.
2 B-Clar.
2 Basseth.
Baßcl. (B)
I.
3 Fag.
II. III.
Contrafag.
I. II. III.
4 Hörner. (F)
IV.
II. III. Tromp. (B)
Baßtromp. (C)
III. Posaune.
I. II. (B)
4 Tuben.
III. IV. (F)
Contrabaß-tuba.
Pauken.
Elektra.
Vorhang von dem Bette he - ben: Wer schlach - tet ein Op - fer - tier im Schlaf? Er jagt dich
I.
Viol. II.
III.
I. II.
Br.
III.
alle Celli.
C-B.
staccato

234
kl. Fl.
I. II.
3 gr. Fl.
III.
a 2.
2 Hob.
engl. Horn.
Heckelphon.
Es-Clar.
2 B-Clar.
2 A-Clar.
2 Basseth.
Baßcl. (B)
I.
3 Fag. II.
III.
Contrafag.
I. II.
4 Hörner (F)
III. IV.
(mit Dämpfern)
(mit Dämpfer)
I. Tromp. (B)
Baßtromp. (C)
I. II.
3 Pos.
III.
I. II. (B)
4 Tuben.
III. IV. (F)
espr.
Contrabaß-tuba.
234
Elektra.
auf, schrei - end ent-fliehst du. A-ber er, er ist hinterdrein, er treibt dich durch das Haus!
I.
Viol. II.
III.
I. II.
Br.
III.
alle Celli.
C-B.
pizz.
arco
cresc.

235
236
kl. Fl.
I.II. gr. Fl.
engl. Horn.
Es-Clar.
2 B-Clar.
I. A-Clar.
Baßcl. (B)
I.II.
3 Fag.
III.
Contrafag.
I.II.
4 Hörner (F)
(mit Dämpfern)
III.IV.
I.
3 Tromp. (B)
II.III.
(mit Dämpfern)
Baßtromp. (C)
III. Pos.
I.II. (B)
4 Tuben.
III.IV. (F)
Contrabaß-tuba.
Pauken.
gr. Trommel.
Elektra.
Willst du nach rechts, da steht das Bett! nach links, da schäumt das Bad wie Blut, das Dunkel und die Fak-keln werfen schwarz-ro-te
Viol. I. II. III.
Br. I. II. III.
Celli. I. II.
C.-B.
a 2.
espr.
pizz.

237
238
kl. Fl.
I. II.
3 gr. Fl.
III.
2 Hob.
engl. Horn.
Heckelphon.
2 B-Clar.
2 A-Clar.
2 Basseth.
Baßcl. (B)
I. II.
3 Fag.
III.
Contrafag.
I. II.
4 Hörner (F)
(mit Dämpfern)
III. IV.
(in E)
(ohne Dämpfer)
III Tromp. (E)
I.
2 Pos.
III.
I. II. (B)
4 Tuben.
III. IV. (F)
Contrabaß-tuba.
Pauken.
Elektra.
To-des-net-ze ü-ber dich.
Hin-ab die Treppen durch Ge-wöl-be hin, Ge-
Klytaemnestra, von sprachlosem Grauen geschüttelt.
Viol.
Br.
Celli.
C.-B.
arco
staccato
p marcato
p staccato
cresc.
dim.
a 2.

239
marcatissimo
a 2.
d. = d des ¢
I. II.
3 gr. Fl.
III.
2 Hob.
engl. Horn.
Heckelphon.
Es-Clar.
2 B-Clar.
2 A-Clar.
2 Basseth.
Baßcl. (B)
I. II.
3 Fag.
III.
I. II.
4 Hörner (F) (mit Dämpfern)
III. IV.
(Dämpfer weg)
(ohne Dämpfer)
I. II.
3 Tromp. (E)
III.
Baßtromp. (C)
I. II.
3 Pos.
III.
Contrabaß-posaune.
Contrabaß-tuba.
Pauken.
Elektra.
wölbe und Gewölbe geht die Jagd _
Und ich, ich, ich,
Daßelbe Zeitmaß.
(Doppelgriff)
I. II.
Viol.
III.
I.
Br.
II. III.
alle Celli.
cresc.

240
𝅗𝅥 = 𝅗𝅥. des 6/4
𝅗𝅥. = 𝅗𝅥 des ¢
kl. Fl.
I. II.
3 gr. Fl.
III.
2 Hob.
engl. Horn.
Heckelphon.
Es-Clar.
2 B-Clar.
2 A-Clar.
2 Basseth.
Baßcl. (B)
I. II.
3 Fag.
III.
I. II.
4 Hörner (F)
III. IV.
I. II.
3 Tromp. (E)
III.
Baßtromp. (C)
I. II.
3 Pos.
III.
a 2.
240
Elektra.
ich, — ich, die ihn dir ge - schickt, ich bin wie ein Hund an deiner Fer - se, willst du in ei-ne Höh-le, spring ich dich von
alle Viol.
I.
Br. II.
III.
I.
Celli.
II.
C.-B.

241
accelerando
𝅗𝅥=100
noch schneller.
ancor più mosso
I. II.
3 gr. Fl.
III.
2 Hob.
engl. Horn.
Heckelphon.
Es-Clar.
2 B-Clar.
2 A-Clar.
2 Basseth.
Baßcl. (B)
I. II.
3 Fag.
III.
Contrafag.
I. II.
4 Hörner (F)
III. IV.
I. Tromp. (B)
(in B)
I. II.
3 Pos.
III.
Contrabaß-posaune.
I. II. (B)
4 Tuben.
III. IV. (F)
Contrabaß-tuba.
Pauken.
(mit Holzschlägeln)
p marcato
Elektra.
seit - wärts an. So trei - ben wir dich fort, bis ei-ne Mau-er Alles sperrt, und dort im tiefsten Dunkel, doch ich seh ihn wohl, ein Schatten,
noch schneller. 𝅗𝅥=100
ancor più mosso
alle Viol.
I.
Br. II.
III.
(geteilt)
I.
Celli.
II.
pizz.
arco
C.-B.

242
243
I.II. gr. Fl.
2 Hob.
engl. Horn.
Heckelphon.
Es-Clar.
2 B-Clar.
2 A-Clar.
2 Basseth.
Baßcl.(B)
3 Fag.
Contrafag.
I.II.
4 Hörner(F)
III.IV.
I.Tromp.(B)
Baßtromp.(C)
I.II.
3 Pos.
III.
Contrabaß-posaune.
Elektra.
und doch Glieder und das Weiße von einem Au-ge doch, da sitzt der Va - ter, er achtet's nicht, und doch muß es ge - schehn, zu seinen Füßen drücken wir dich
alle Viol.
(Doppelgriffe)
Br.
Celli.
C.-B.
cresc.

244
I.II.gr.Fl.
2 Hob.
engl.Horn.
Heckelphon.
Es-Clar.
2 B-Clar.
2 A-Clar.
2 Basseth.
Baßcl.(B)
3 Fag.
Contrafag.
I.II.
4 Hörner(F)
III.IV.
I.II.
3 Pos.
III.
Contrabaß-posaune.
I.II.(B)
4 Tuben.
III.IV.(F)
Contrabaß-tuba.
Elektra.
I.
Viol. II.
III.
alle Br.
alle Celli.
C.-B.
marcato
a 2.
a 3.
(in E)(mit Dämpfern)
(mit Dämpfern)
dim.
pp
cresc.
hin_
Du möchtest schreien, doch die Luft erwürgt den ungebornen Schrei, und läßt ihn lautlos zu
(mit Dämpfern) (pultweise geteilt)
I.Pult.
(dreifach)
3 Soli.

245
246
I.II. 3 gr.Fl. III.
2 Hob.
engl.Horn.
Heckelphon.
Es-Clar.
2 B-Clar.
2 A-Clar.
2 Basseth
Baßcl.(B)
I.II. 3 Fag. III.
I.II. 4 Hörner(F) III.IV.
(Dämpfer weg)
(in F)
p subito
I.II. 3 Tromp.(B) III.
(mit Triangelschlägel schnell und heftig am Rande gestrichen)
Becken.
Elektra.
Boden fal-len, wie von Sinnen hältst du den Nacken hin, fühlst schon die Schärfe zucken bis an den Sitz des Lebens, doch er hält den Schlag zurück, die Bräu- - che sind
Viol. I. II. III.
sul ponticello
(gewöhnlich)
(Dämpfer weg)
Br. I. II. III.
alle Celli.
3 Soli
alle
C.-B.
247 stets äußerst lebhaft.
sempre vivace assai
Heckelphon.
I. 3 Fag. II.III.
I.II. 4 Hörner(F) III.IV.
I. Tromp.(B)
colla parte
Baßtromp.(C)
III. Pos. u. Contrabaßpos.
(mit Holzschlägeln)
Pauken.
Elektra.
colla parte
noch nicht er - füllt.
Al - les schweigt, du hörst dein eig'nes Herz an deinen Rip-pen schla - gen:
stets äußerst lebhaft.
sempre vivace assai
I.II.III. Br.
alle Celli.
C.-B.

248
(so schnell und deutlich als möglich.)
(il più vivo e distinto possibile)
249
2 Hob.
engl. Horn.
Heckelphon.
2 B-Clar.
2 A-Clar.
2 Basseth.
Baßcl. (B)
3 Fag.
Contrafag.
4 Hörner (F)
Baßtromp. (C)
III. Pos. u. Contrabaßpos.
4 Tuben
Contrabaß-tuba.
Pauken.
Tamtam.
(mit weichen Paukenschlägeln)
espressivo
(mit Dämpfern)
(mit Dämpfer)
Elektra.
Die-se Zeit, sie dehnt sich vor dir wie ein finstrer Schlund von Jahren die-se Zeit ist dir gege-ben zu ahnen, wie es Scheiternden zu Mute ist,
Viol.
Br.
Celli.
C.-B.
hinauf: herunterschleifen G Saite.
hinauf: herunterschleifen A Saite.
pizz. arco (dreifach)
pizz. arco

250
2 Hob
engl. H.
Heckelphon.
2 B-Clar.
2 Basseth.
Baßcl. (B)
I.
3 Fag.
II. III.
Contrafag.
I. II.
4 Hörner (F)
III. IV.
Baßtromp. (C)
III. Posaune u. Contrabaßpos.
I. II. (B)
4 Tuben
(mit Dämpfern)
III. IV. (F)
Contrabaß-tuba.
(mit Dämpfer)
Pauken.
Tamtam.
sempre pp
Elektra.
250 (immer steigern)
wenn ihr vergeb-li-ches Geschrei die Schwärze der Wolken und des To- - des zer-frißt, die-se Zeit ist dir ge-ge-ben, al-le zu be-neiden, die
I. II.
Viol.
III.
I.
Br.
II. III.
(dreifach)
Celli.
C-B.
p cresc.
f espr.
mf
fp
ff

251
I. II.
3 gr. Fl.
III.
2 Hob.
engl. H.
Heckelphon.
Es-Clar.
2 B-Clar.
2 A-Clar.
Baßcl. (B)
I.
3 Fag.
II. III.
Contrafag.
I. II.
4 Hörner (F)
III. IV.
II. III. Tromp. (B)
III. Posaune u. Contrabaßpos.
Contrabaßtuba.
Pauken.
Tamtam.
Elektra.
an-geschmiedet sind an Kerkermauern, die auf dem Grund von Brun - nen nach dem Tod als wie nach Er - lö - sung schrein, denn du, du
I. II.
Viol.
III.
I
Br.
II III
Celli.
C. B.
a 2
pp
p cresc.
cresc.
mf cresc.
fp

252
2 B-Clar.
2 Basseth.
Baßcl.(B)
I.
3 Fag.
II.III.
Contrafag.
I.II.
3 Pos.
III.
Contrabaß-posaune.
Contrabaß-tuba.
Elektra.
liegst in deinem Selbst so ein-ge-ker-kert, als wär's der glühn-de Bauch von ei-nem Tier von Erz _ und so wie jetzt kannst du nicht schrein!
Celli u C.-B.
molto cresc.
253
2 Hob.
engl. H.
Heckelphon.
Es-Clar.
2 B-Clar.
2 A-Clar.
2 Basseth.
Baßcl.(B)
I.
3 Fag.
II. III.
Contrafag.
I.II.
4 Hörner.(F)
III.IV.
I.
3 Tromp.(B)
II. III.
Baßtromp.(C)
3 Posaunen.
Contrabaß-posaune.
III. IV. Tuba (F)
Contrabaß-tuba.
Pauken.
(mit Holzschlägeln)
253
Elektra.
Da steh ich vor dir, und nun liest du mit starrem Aug' das un - - ge-heu-re Wort, das mir in mein Ge - sicht geschrieben ist:
alle Viol.
alle Br.
Celli.
C.-B.

254
255
kl. Fl.
I. II.
3 gr. Fl.
III.
2 Hob.
engl. H.
Heckelphon.
Es-Clar.
2 B-Clar.
2 A-Clar.
2 Basseth.
Baßcl. (B)
I.
3 Fag.
II. III.
I. II.
4 Hörner (F)
III. IV.
I.
3 Tromp. B)
II. III.
Baßtromp. C)
I.
3 Pos.
II. III.
Contrabaß-posaune.
Contrabaß-tuba.
254
255
Elektra.
er-hängt ist dir die See-le in der selbstgedrehten Schlin-ge, sau-send fällt das Beil und ich steh da und seh
I.
Viol.
II. III.
Br.
(dreifach)
Celli.
(dreifach)
C.-B.
cresc.

Etwas breit
Un poco ritenuto.
𝅗𝅥 = 100
wieder im Zeitmaß.
in tempo
256
3 gr. Fl.
2 Hob.
engl. H.
Heckelphon.
Es-Clar.
2 B-Clar.
2 A-Clar.
2 Basseth.
Baßcl. (B)
I.
3 Fag.
II. III.
Contrafag.
I. II.
4 Hörner (F)
III. IV.
I. II.
3 Tromp. (B)
III.
Baßtromp. (C)
I.
3 Pos.
II. III.
III. IV. Tuba. (F)
Contrabaß-tuba.
(gewöhnlich)
Pauken.
Elektra.
dich endlich ster - - - ben. Dann träumst du nicht mehr, dann brauche ich nicht mehr zu
Viol. I.
II.
III.
alle Br.
Celli. I.
II.
C.-B.

I.II.
3 gr. Fl.
III.
2 Hob.
engl. H.
Heckelphon.
Es-Clar.
2 B-Clar.
2 A-Clar.
2 Basseth.
Baßcl. (B)
I.
3 Fag.
II. III.
Contrafag.
I.II.
4 Hörner (F)
III.IV.
I.Tromp. (B)
Baßtromp. (C)
III. IV. Tuba. (F)
Elektra.
träu - - - - men,
und wer
dann noch lebt,
257
I.II.
Viol.
III.
I.
Br.
II.III.
I.
Celli.
II.
C-B.
p cresc.
fp
cresc.

258
etwas breiter
un poco meno allegro
a tempo
259
kl. Fl.
a 2.
I. II.
3 gr. Fl.
III.
cresc.
2 Hob.
engl. H.
Heckelphon.
Es-Clar.
2 B-Clar.
2 A-Clar.
2 Basseth.
Baßcl. (B)
I
3 Fag.
II III
Contrafag.
I. II.
4 Hörner (F)
III. IV.
I
3 Tromp. (B)
II. III.
(weich)
Baßtrbmp. (C)
marcatissimo
I.
3 Pos.
II III
Contrabaß-posaune.
I. II. (B)
4 Tuben.
III. IV. (F)
Contrabaß-tuba.
Pauken.
(mit Holzschlägel)
gr. Trommel. u. Becken.
gr. Tr.
(Becken, gewöhnlich)
Elektra.
der jauchzt
und kann sich seines Le - bens freun!
Sie stehen
I. II.
Viol.
III.
gliss.
I.
Br.
II. III.
(Doppelgriff)
alle Celli.
C.-B.

260
kl. Fl.
a 2
I. II.
3 gr. Fl.
III.
2 Hob.
engl. H.
Heckelphon.
Es-Clar.
2 B-Clar.
2 A-Clar.
2 Basseth.
Baßcl. (B)
I.
3 Fag.
II. III.
Contrafag.
I. II.
4 Hörner (F)
III. IV.
I. II.
3 Tromp. (B)
III.
Baßtromp. (C)
I. II.
3 Pos.
III.
Contrabaß-posaune.
I. II. (B)
4 Tuben.
III. IV. (F)
Contrabaß-tuba.
Pauken.
Becken.
(mit Holzschlägel)
ff marcato
aneinander, Elektra in wilder Trunkenheit, Klytämnestra, gräßlich atmend vor Angst, Aug' in Aug'.
In diesem Augenblick erhellt sich der Hausflur.
(Doppelgriff)
(geteilt)
260
I. II.
Viol.
III.
I.
Br.
II. III.
alle Celli.
C-B.

Sehr schnell. 𝅗𝅥. = 120
molto vivace
261
kl.Fl.
I. II.
3 gr. Fl.
III.
engl.H.
Es-Clar.
2 B-Clar.
2 A-Clar.
2 Basseth.
Baßcl. (B)
I.
3 Fag.
II. III.
Die Vertraute kommt hergelaufen.
Sie flüstert Klytämnestra etwas ins Ohr. Diese scheint erst nicht recht zu verstehen.
Viol.
Br.
Celli.
262 I. Dienerin.
I.II.gr.Fl.
2 Hob.
Hockelphon.
4 Hörner (F)
III. IV.
(mit Dämpfern)
(mit Dämpfer)
3 Tromp. (E)
3 Posaunen. (mit Dämpfern)
I. II. (B)
4 Tuben
III. IV. (F)
Allmählich kommt sie zu sich.
Sie winkt: „Lichter!"
262 Es laufen Dienerinnen mit Fackeln heraus und stellen sich hinter Klytämnestra.
gliss.

263
264
II. Dienerin.
III. Dienerin.
IV. Dienerin.
I. II.
3 gr. Fl.
III.
2 Hob.
engl. H.
Heckelphon.
Es-Clar.
2 B-Clar.
2 A-Clar.
2 Basseth.
Baßcl. (B)
I.
3 Fag.
II. III.
Contrafag.
III. Horn. (F)
I. II. Tromp. (E)
(mit Dämpfern)
I. Harfe.
cresc.
a 2
(hervortretend)
I. II.
Viol.
III.
pizz.
arco
I.
Br.
II. III.
(weich)
I.
Celli.
II.
C. B.

265
(Die Schleppträgerin.)
Es kommen immer
kl. Fl.
I. II. gr. Fl.
I. Hob.
engl. H.
Heckelphon.
Es-Clar.
2 B-Clar.
2 A-Clar.
2 Basseth.
Baßcl. (B)
I. 3 Fag. II. III.
Contrafag.
I. II. 4 Hörner (F) III. IV.
I. II. 3 Tromp. (E) III.
I. 3 Pos. II. III. (mit Dämpfern)
I. Harfe.
II. Harfe.
Triangel.
Klytämnestra winkt: „Mehr Lichter!"
Nun verändern sich ihre Züge allmählich,
265
I.
Viol. II.
III.
I.
Br. II.
III.
alle Celli.
C.-B.
a 2
cresc.
molto cresc.
(mit Dämpfern)
(ohne Dämpfer)
(ohne Dämpfer) (in Es)
glissando
I. Pult
Solo
pizz.

mehr Dienerinnen heraus, stellen sich hinter Klytämnestra, sodaß der Hof voll von Licht wird und rotgelber Schein um die Mauern flutet.

und die Spannung weicht einem bösen Triumph. Sie läßt sich die Botschaft abermals zuflüstern und verliert dabei Elektra keinen Augenblick aus dem Auge.

268
kl. Fl.
I. II.
3 gr. Fl.
III.
a 2.
2 Hob.
I.
engl. H.
Heckelphon.
Es-Clar.
2 B-Clar.
2 A-Clar.
a 2.
2 Basseth.
I.
Baßcl. (B)
I. II.
3 Fag.
III.
a 2.
I. II.
4 Hörner (F)
III. IV.
I. II. (E)
3 Tromp.
III. (Es)
II.
I.
3 Pos.
II. III.
(mit Dämpfern)
II.
III.
I. Harfe.
II. Harfe.
268
I.
Viol. II.
III.
I.
Br. II.
III.
glissando
I.
Celli.
II.
glissando
C.-B.

269
kl.Fl.
I.II.
3 gr. Fl.
III.
2 Hob.
engl.H.
Heckelphon
Es-Clar.
2 B-Clar.
2 A-Clar.
2 Basseth.
Baßcl.(B)
I.II.
3 Fag.
III.
I.II.
4 Hörner(F)
(mit Dämpfern)
III.IV.
I.II.(E)
3 Tromp.
(mit Dämpfern)
III.(Es)
I.II.
3 Pos.
(mit Dämpfern)
III.
I.II.(B)
4 Tuben.
III.IV.(F)
Contrabaß-tuba
I.Harfe.
II.Harfe.
Viol. I. II. III.
Br. I. II. III.
Celli. I. II.
C-B.
a 2.
ohne Dämpfer (in E)
(in E)
pizz
arco

270
kl.Fl.
I.II.
3 gr.Fl.
III.
2 Hob.
engl.H.
Heckelphon
Es-Clar.
2 B-Clar.
2 A-Clar.
2 Basseth.
Baßcl.(B)
I.II.
3 Fag.
III.
I.II.
4 Hörner(E)
III.IV.
I.II.(E)
3 Tromp.
III.(Es)
(mit Dämpfer)
I.II.
3 Pos.
(mit Dämpfern)
III.
III.IV. Tuba.
(F)
Contrabaß-
tuba.
alle Viol.
I.
Br. II.
III.
alle Celli.
C.-B.
a 2
ff
(mit Dämpfer)
(ohne Dämpfer)
f marcato

271
272
kl. Fl.
I. II. 3 gr. Fl. III.
2 Hob.
engl. H.
Heckelphon
Es-Clar.
2 B-Clar.
2 A-Clar.
2 Basseth.
Baßcl. (B)
I. II. 3 Fag. III.
I. II. 4 Hörner (E) III. IV.
(mit Dämpfern.)
I. II (E) 3 Tromp III (Es)
Baßtromp (C) (mit Dämpfer)
I. II. 3 Pos. (mit Dämpfern) III.
Contrabaß-posaune.
I. II. (B) 4 Tuben. III. IV. (F)
Contrabaß-tuba.
kl. Trommel.
Tamburin.
Triangel.
Becken u. gr. Trommel
(Becken allein mit Holzschlägel)
(Becken gewöhnlich und gr. Trommel)
a 2
cresc.
schläff
Ganz bis an den Hals sich sättigend mit wilder Freude streckt Klytämnestra die beiden Hände drohend gegen Elektra.
Viol. I. II. III.
Br. I. II. III.
alle Celli.
C-B.

273
kl.Fl.
I II.
3 gr. Fl.
III.
2 Hob.
engl. H.
Heckelphon.
Es-Clar.
2 B-Clar.
2 A-Clar.
2 Basseth.
Baßcl.(B)
I.II.
3 Fag.
III.
I.III.
4 Hörner.(E)
II. IV.
I.II.(E)
3 Tromp.
(mit Dämpfern)
III.(Es)
Baßtromp.(C)
(mit Dämpfer)
I. II.
3 Pos.
(mit Dämpfern)
III.
Contrabaß-posaune.
I.II. (B)
4 Tuben.
III. IV. (F)
Contrabaß-tuba.
(II. Dämpfer weg.)
(Dämpfer weg.)
(Dämpfer weg.)
(Dämpfer weg.)
(Dämpfer weg.)
273
Dann hebt ihr die Vertraute den Stock auf, und auf beide sich stützend, eilig, gierig, an den Stufen ihr Gewand aufraffend, läuft sie ins Haus.
I.
Viol. II.
III.
I.
Br.
II. III.
I.
Celli.
II.
C-B.

274
2 Hob.
engl.H.
Es-Clar.
2 B-Clar.
2 A-Clar.
2 Basseth.
Baßcl.(B)
II.IV.Horn.(E)
I.Tromp. (E)
(mit Dämpfer)
I.II.(B)
4 Tuben.
III.IV.(F)
Elektra.
(Die Dienerinnen mit den Lichtern wie gejagt hinter ihr drein.)
Was sagen sie ihr denn? Sie
Viol. I. II. III.
Br. I. II.III.
C-B.
275
Heckelphon.
3 Fag.
4 Hörner.(F)
(mit Dämpfern)
(Dämpfer weg)
I Tromp (E)
freut sich ja!
Mein Kopf!
Mir fällt nichts ein!
Wo-rü-ber freut sich das Weib?
Viol. (pultweise get.)
alle Br.
Celli.
pizz.
arco

2 [1]

♩= 176 1a
Sehr schnell und leidenschaftlich (♩ schneller als vorher ♩.)
Allegro molto appassionato (♩ più vivo ♩. di tempo precedente).

2a

3 gr. Fl.
2 Hob.
engl. H.
Heckelphon.
Es-Clar.
2 B-Clar.
2 A-Clar.
2 Basseth.
Baßcl. (B)
I. II. 3 Fag. III
Contrafag.
I. III. II. IV. 8 Hörner (F) V. VI. VII. VIII.
I. (F) 3 Tromp. II. III. (B)
I. II. 3 Pos. III.
Contrabaß-tuba.
Pauken.

♩= 176 1a
Sehr schnell und leidenschaftlich (♩ schneller als vorher ♩.)
Allegro molto appassionato (♩ più vivo ♩. di tempo precedente)
Chrysothemis kommt laufend zur Hoftür herein, laut heulend wie ein verwundetes Tier.

2a

I. II. Viol. III.
I. Br. II. III.
Celli.
C.-B.

3a
accelerando
3 gr. Fl.
2 Hob.
engl. H.
Heckelphon.
Es-Clar.
2 B-Clar.
2 A-Clar.
2 Basseth.
Baßcl. (B)
I. II.
3 Fag.
III.
Contrafag.
I. III.
II. IV.
8 Hörner (F)
V. VI.
VII. VIII.
I. (F)
3 Tromp.
II. III. (B)
I. II.
3 Pos.
III.
Contrabaß-tuba.
alle Viol.
(geteilt)
I.
Br. II.
III.
I.
Celli.
II.
C-B.
cresc.

4a
noch schneller
ancor più mosso
5a
3 gr. Fl.
2 Hob.
engl. Horn.
Heckelphon.
Es-Clar.
2 B-Clar.
2 A-Clar.
2 Basseth.
Baßcl.(B)
I.
3 Fag.
II. III.
Contrafag.
I. III.
II. IV.
8 Hörner(F)
V.
VI. VII. VIII.
V. VI.
VII. VIII.
I. (F)
3 Tromp.
II. III. (B)
Baßtromp. (C)
I. II.
3 Pos.
III.
Contrabaß-posaune.
Contrabaß-tuba.
Pauken.
(schreiend)
Chrysoth.
Orest! O - rest ist tot!
O -
(Elektra winkt ihr ab, wie von Sinnen.)
Elektra.
Sei still!
I. II.
Viol.
III.
I.
Br. II.
III.
alle Celli.
C.-B.

sehr fließend
molto scioltamente
6a
3 gr. Fl.
2 Hob.
engl. Horn.
Heckelphon.
2 B-Clar.
2 Basseth.
Baßcl. (B)
I.
3 Fag.
II. III.
I. II.
III. IV.
Hörner (F)
V. VI.
VII. VIII.
I. II.
3 Pos.
III.
Contrabaß-tuba.
Chrysoth.
rest ist tot.
(Elektra bewegt die Lippen.)
Ich kam hinaus, da wußten sie's schon! Al-le standen her-
I. II.
Viol.
III.
I. II.
Br.
III.
I.
Celli.
II.
C.-B.

7a
immer mehr beschleunigen
sempre stringendo
8a
3 gr. Fl.
2 Hob.
engl. Horn.
Heckelphon.
2 B-Clar.
2 A-Clar.
2 Basseth.
Baßcl. (B)
I.
3 Fag.
II. III.
I. II.
III. IV.
8 Hörner (F)
V. VI.
VII. VIII.
I. II. Tromp. (F)
I. II.
3 Pos.
III.
Contrabaß-posaune.
Contrabaß-tuba.
Pauken.
Chrysoth.
um
und Al - le wuß-ten es schon, nur wir
I. II.
Viol.
III.
I.
Br.
II. III.
I.
Celli.
II.
C.-B.

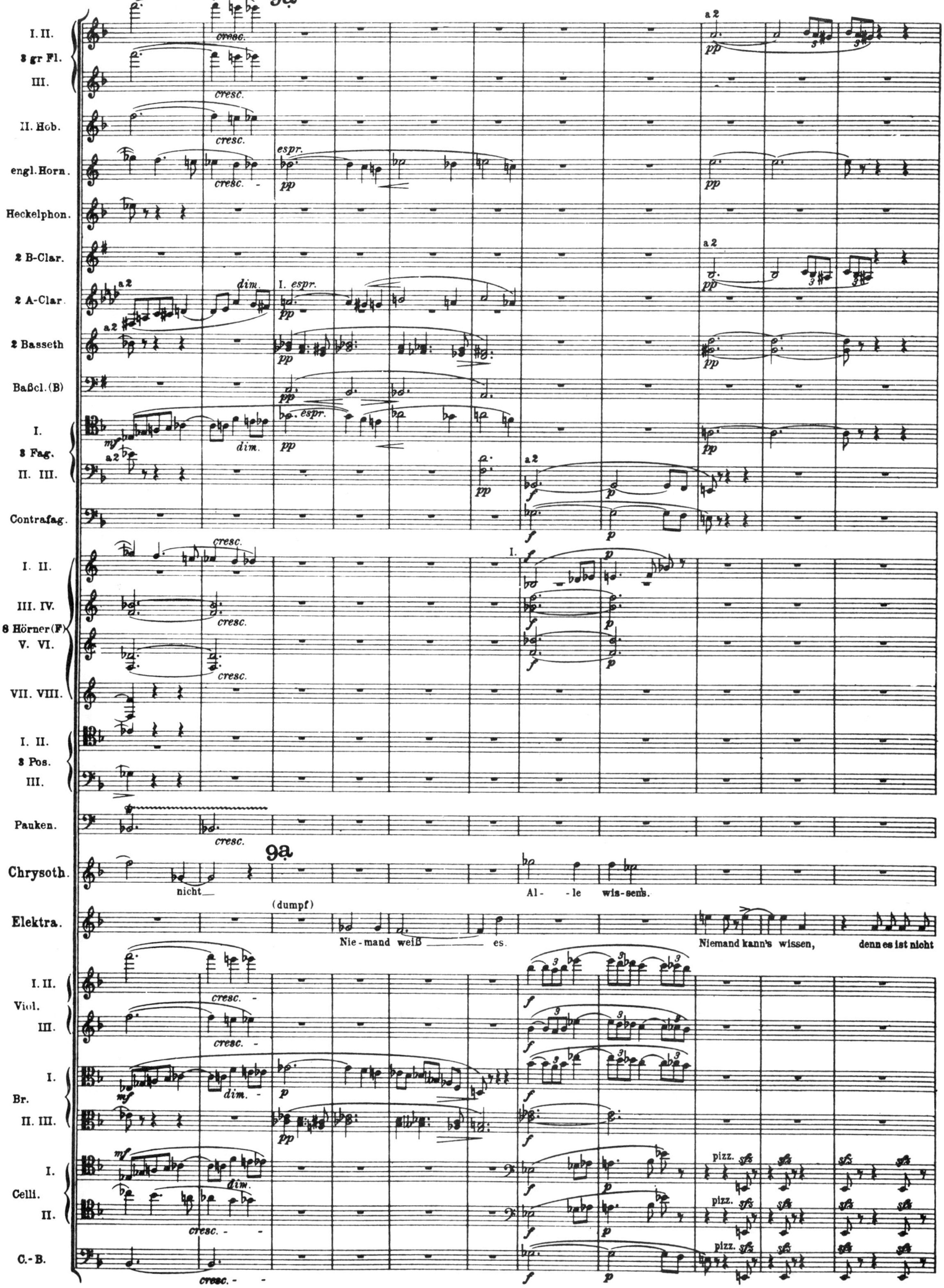

9a

I. II. 3 gr Fl. III.

II. Hob.

engl. Horn.

Heckelphon.

2 B-Clar.

2 A-Clar.

2 Basseth

Baßcl. (B)

I. 3 Fag. II. III.

Contrafag.

I. II. III. IV. 8 Hörner (F) V. VI. VII. VIII.

I. II. 3 Pos. III.

Pauken.

Chrysoth. — nicht — Al- -le wis-sen's.

Elektra. — (dumpf) Nie-mand weiß — es. Niemand kann's wissen, denn es ist nicht

I. II. Viol. III.

I. Br. II. III.

I. Celli. II.

C.-B.

10a
11a
I. II.
3 gr. Fl.
III.
2 Hob.
engl. Horn.
Heckelphon.
Es-Clar.
2 B-Clar.
2 A-Clar.
2 Basseth.
Baßcl. (B)
I.
3 Fag.
II. III.
Centrafag.
I. II.
6 Hörner (F)
III. IV.
V. VI.
I. II.
Tromp. (F)
I. II.
3 Pos.
III.
Contrabaß-
posaune.
Contrabaß-
tuba.
Pauken.
Chrysoth.
Elektra.
(wirft sich verzweifelt auf den Boden)
(Chrysothemis emporreißend)
wahr.
Es ist nicht wahr!
I. II.
Viol.
III.
I.
Br.
II. III.
Celli.
C.-B.
(Doppelgriff)
(Doppelgriff)
(dreifach)
arco
arco
a 2

12a
I. II.
3 gr. Fl.
III.
2 Hob.
engl. Horn.
Heckelphon.
Es-Clar.
2 B-Clar.
2 A-Clar.
2 Basseth.
Baßcl. (B)
I.
3 Fag.
II. III.
Contrafag.
I. II.
4 Hörner (F)
III. IV.
I. II. Tromp. (F)
I. II.
3 Pos.
III.
Contrabaß-posaune.
Contrabaß-tuba.
12a
Elektra.
Es ist nicht wahr, — ich sag dir doch — Es ist nicht wahr! —
I. II.
Viol.
III.
alle Br
Celli.
C.-B.

13a appassionato
14a
3 gr. Fl.
2 Hob.
engl. Horn.
2 B-Clar.
2 A-Clar.
2 Basseth.
Baßcl. (B)
I. 3 Fag. II. III.
Contrafag.
I. II. 4 Hörner (F) III. IV.
Chrysoth.
Die Fremden standen an der Wand, die Fremden, die hergeschickt sind, es zu melden:
appassionato
I. II. Viol. III.
alle Br.
Solo Celli. (die übrigen)
C.-B.
15a
I. II. gr. Fl.
I. Hob.
engl. Horn.
I. B-Clar.
2 Basseth.
I. 3 Fag. II. III.
I. II. 4 Hörner (F) III. IV.
Chrysoth.
zwei, ein Alter und ein Junger. Allen hatten sie's schon erzählt, im Kreise standen
I. II. Viol. III.
I. Pult.
alle
glissando
I. Br. II. III.
Solo. Celli. (die übrigen)
C.-B.
ein Solobaß.
espr.
cresc.

16a
2 Hob.
engl. Horn.
2 B-Clar.
2 A-Clar.
2 Basseth.
I.
3 Fag.
II. III.
I. II.
4 Hörner (F)
III. IV.
a 2
cresc.
(mit Anstrengung)
Chrysoth.
Al- - -le um sie her-um, und Al- - - - -le, Al- - - - -le, wuß- - - -
I. II.
Viol.
III.
I.
Br.
II. III.
espr.
Solo.
Celli.
(die übrigen)
C.-B.
17a
18a dreitaktig
ritmo di tre battute
I.
3 gr. Fl.
II. III.
2 Hob.
2 B-Clar.
2 A-Clar.
2 Basseth.
Contrafag.
I. II. (F)
6 Hörner
III. IV. (F)
V. VI. (B)
(in B)
III Pos.
Pauken.
- - ten es schon.
An
(mit höchster Kraft)
Elektra.
Es ist nicht wahr!
alle Celli.

19a
20a
2 Hob.
engl. Horn.
Heckelphon.
2 B-Clar.
2 Basseth.
Baßcl. (B)
I.
3 Fag.
II. III.
Contrafag.
I. II. (F)
III. IV. (F)
6 Hörner.
V. VI. (B)
I.
3 Pos.
II. III.
Pauken.
Chrysoth.
uns denkt Nie- - mand. Tot, E - lek-tra tot! Ge-
alle Viol.
(I. allein)
(alle)
Br.
alle Celli.
C.-B.
viertaktig
ritmo di quattro battute
21a
stor- - ben in der Frem - de! Tot! Ge - stor-ben dort in frem- - dem Land. Von sei- - nen
alle Br.
(Doppelgriff)

22a
3 gr. Fl.
2 Hob.
engl. Horn.
Heckelphon.
Es-Clar.
2 B-Clar.
2 A-Clar.
2 Basseth.
Baßcl. (B)
I.
3 Fag.
II. III.
Contrafag.
I. II. (F)
III. IV. (F)
8 Hörner.
V. VI. (B)
VII. VIII. (F)
I. II. (F)
3 Tromp.
III. (B)
Baßtromp. (C)
I. II. Pos.
III. Pos. und Contrabaß-posaune.
Contrabaß-tuba.
Pauken.
Chrysoth.
alle Viol.
alle Br.
alle Celli.
C.-B.
cresc.
(schleifen)
glissando
a 2
a 3
(sinkt vor der Schwelle des Hauses an Elektras Seite in wilder Verzweiflung hin)
Pfer- - - - den er- - schla-gen und ge- - schleift.

23a
3 gr. Fl.
2 Hob.
engl. Horn.
Heckelphon.
Es-Clar.
2 B-Clar.
2 A-Clar.
2 Basseth.
Baßcl. (B)
I.
3 Fag.
II. III.
Contrafag.
I. II. (F)
III. IV. (F)
8 Hörner.
V. VI. (B)
VII. VIII. (F)
I. II. (F)
3 Tromp.
III. (B)
I. II. Pos.
III. Pos. und Contrabaßposaune.
Contrabaßtuba.
Pauken.
alle Viol.
alle Br.
alle Celli.
C.-B.
a 2
a 3
dim.
espr.
(weich)
III.
VI.
I.
23a

24a
calando poco a poco
I. II gr. Fl.
2 Hob.
engl. Horn.
Heckelphon.
2 B-Clar.
2 Basseth.
Baßcl. (B)
I.
3 Fag.
II. III.
Contrafag.
I. II. (F)
III. IV. (F)
8 Hörner.
V. VI. (B)
VII. VIII. (F)
III. Tromp. (B)
Contrabaß-tuba.
Pauken.
alle Viol.
alle Br.
alle Celli.
C.-B.
25a
I. Horn (F)
V. Horn (F)
Br.
espr.

26a. Lebhaft 𝅗𝅥 = 𝅗𝅥. des 3/4
Vivo 𝅗𝅥 = 63
27a.
I.II. gr. Fl.
2 Hob.
2 B-Clar.
I.II. Fag.
I.II. 3 Hörner (F) III.
III. Pos.
26a. Ein junger Diener kommt eilig aus dem Haus, stolpert über die vor der Schwelle Liegende hinweg.
Junger Diener.
Platz da! Wer lungert so vor ei-ner Tür? Ah! konnt mir's denken! He-da, Stal-lung! he!
Lebhaft 𝅗𝅥 = 𝅗𝅥. des 3/4
Vivo 𝅗𝅥 = 63
marcato
cresc.
Viol. I.II. III.
Br. I. II.III.
Celli.
C.-B. I.II. Pult.
I.II. Pult.
28a.
(finsteren Gesichts, zeigt sich an der Hoftür)
Ge-sat-telt soll wer-den, und so rasch als mög-lich! hörst du? Ein Gaul, ein
Ein alter Diener.
Was soll's im Stall?
(alle)
29a.
Contrafag.
Maultier o-der mei-net-we-gen auch ei-ne Kuh, nur rasch! Für den, der dir's be-fiehlt. Da glotzt er! Rasch, für mich! So-fort, für
Alter Diener.
Für wen?
(Doppelgriff)
pizz.
arco
alle C.-B.

30a
31a
I. Horn (F)
Junger Diener.
mich! Trab, trab! Weil ich hin-aus muß aufs Feld, den Her-ren ho-len, weil ich ihm Bot-schaft zu brin-gen ha-be, gro-ße Botschaft, wichtig ge-nug,
Viol. I. II. III.
Br. I. II. III.
Celli. I. II.
C.-B.
32a
(im Abgehen)
(auch der Alte verschwindet)
um ei-ne eu-rer Mäh-ren zu Tod zu rei-ten
cresc.
dim.
accelerando
33a
engl. Horn.
2 B-Clar.
Baßcl. (B)
Pauke.
III. Viol.
pizz.
II. C.-B.

2|2
𝅗𝅥 = 72
noch lebhafter
ancor più vivo
34a
I. II. gr. Fl.
I. Hoboe.
engl. Horn.
2 B-Clar.
Baßcl. (B)
I.
3 Fag.
II. III.
I. II.
3 Hörner (F)
III.
Pauke.
Elektra.
(klagend)
(klagend)
dim.
pp
p
(vor sich hin, leise und sehr energisch)
Nun muß es hier von uns ge schehn.
I.
Br.
II. III.
alle Celli.
I.
C.-B.
II.
(alle)
p marcato
pizz.
I. II. gr. Fl.
I. Hoboe.
engl. Horn.
I.
3 Fag.
II. III.
I. II.
4 Hörner (F)
III. IV.
I.
3 Tromp. (C)
II. III.
I. II. (B)
4 Tuben.
III. IV. (F)
Chrysoth.
Elektra.
35a
fp
(mit Dämpfern)
(verwundert fragend)
E - lek - - tra?
Was, E - lek - - tra?
(alles in fliegender Hast)
Wir, wir bei - de müssen's tun.
(leise)
Am be - sten heut, am besten die - se
I. II.
Viol.
III.
I.
Br.
II. III.
Celli.
alle C.-B.
arco
pizz.
Solobaß.
arco

36a
37a
I. II.
3 gr. Fl.
III.
2 Hob.
engl. Horn.
2 B-Clar.
2 A-Clar.
I. Basseth.
Baßcl. (B)
I.
3 Fag.
II. III.
I. II.
4 Hörner (F)
III. IV.
I. Tromp. (C)
III. Tromp. (C)
(mit Dämpfer)
I. II. (B)
4 Tuben.
(mit Dämpfern)
III. IV. (F)
Chrysoth.
Was, Schwe - ster?
Elektra.
Nacht.
Was? Das Werk, das nun auf uns ge - fal - len ist, weil
(sehr schmerzlich)
I.
Viol. II.
III.
I.
Br.
II. III.
marcato
I.
Celli.
II.
(geteilt) arco
(Doppelgriff) pizz.
C.-B.
pizz.
arco
espr.
gliss.

38a
2 Hob.
engl. Horn.
2 B-Clar.
2 Basseth.
Baßcl. (B)
I.
3 Fag.
II. III.
I. II.
4 Hörner (F)
III. IV.
I. Tromp. (C)
I.
3 Pos.
II. III.
Chrysoth.
(angstvoll steigernd)
Was für ein Werk?
Elektra.
er nicht kommen kann.
Nun müssen du und ich hingehn und das Weib
I. II.
Viol.
III.
alle Br.
alle Celli.
C.-B.
39a
40a
I.
3 gr. Fl.
II. III.
2 Hob.
engl. Horn.
2 B-Clar.
2 Basseth.
Baßcl. (B)
I.
3 Fag.
II. III.
I. II.
4 Hörner (F)
III. IV.
I. II. Tromp. (C)
Chrysoth.
(leise, schaudernd)
Schwester, sprichst du von der Mutter?
Elektra.
und ih-ren Mann er-schla - - - - gen.
(wild)
Von ihr und auch von ihm. Ganz ohne Zö - gern muß es ge-
(Doppelgriff)
I. II.
Viol.
III.
I.
Br. II.
III.
I.
Celli.
II.
C.-B.

41a
42a
I. 3 gr. Fl. II. III.
2 Hob.
engl. Horn.
Baßcl. (B)
marcato
I. 3 Fag. II. III.
I. (mit Dämpfer)
(ohne Dämpfer)
I. II. 4 Hörner (F) III. IV.
III. (mit Dämpfer)
(ohne Dämpfer)
(mit Dämpfer)
(Dämpfer weg)
I. Tromp. (C)
Pauken.
Chrysoth.
Ich?
Elektra.
schehn. Schweig still. Zu sprechen ist nichts. Nichts gibt es zu be - den - ken, als nur. wie? wie wir es tun.
I. II. Viol.
alle Br.
alle Celli.
(alle)
C.-B.
I. II. III. Pult.
43a
I. II. 3 gr. Fl. III.
2 Hob.
engl. Horn.
2 B-Clar.
2 Basseth.
Baßcl. (B)
I. 3 Fag. II. III.
I. II. 4 Hörner (F) III. IV.
I. II. 3 Pos. III.
Contrabaß-posaune.
Pauken.
(entsetzt)
Chrysoth.
Wir? Wir bei - de sollen hingehn? Wir, wir zwei mit unsern beiden Hän - den?
Elektra.
Ja, du und ich. Wer sonst?
I. II. Viol.
I. II. Br. III.
pizz.
alle Celli.
C.-B.

44a
45a
I.
3 gr. Fl.
II. III.
2 Hob.
I. marcato
2 B-Clar.
2 Basseth.
I.
3 Fag.
II. III.
I. Horn (F)
I. II. Tromp. (C)
I. Tuba (B)
(mit Dämpfer)
III. IV. Tuba (F)
(mit Dämpfern)
Becken.
(mit Holzschlägel)
Elektra.
(geheimnißvoll)
(stärker)
Da-für laß du mich nur sor - gen. Das Beil das Beil, wo-mit der
I. II.
Viol.
III.
I.
Br.
II. III.
Celli.
arco
C.-B.
46a
Heckelphon.
Es-Clar.
3 Tromp. (C)
Baßtromp. (C)
Chrysoth.
Du, Ent-setz-li-che, du hast es?
Vater Für den Bru - der be-wahrt ich es. Nun müssen wir es schwingen.

47a
I.
3 gr. Fl.
II. III.
2 Hob.
engl. Horn.
Heckelphon.
Es-Clar.
2 B-Clar.
2 Basseth.
Baßcl. (B)
I. II.
3 Fag.
III.
Contrafag.
I. II.
4 Hörner (F)
III. IV.
I.
3 Tromp. (C)
II. III.
Baßtromp. (C)
I.
3 Pos.
II. III.
Contrabaßposaune.
III. IV. Tuba (F)
Baßtuba.
Becken. (mit Holzschlägel)
gr. Trommel
Chrysoth.
Du? Die-se Ar-me den Ä-gisth er-schla-gen?
Elektra.
(wild)
Erst sie, dann ihn, erst ihn, dann
I.
Viol. II.
III.
I.
Br. II.
III.
Celli.
C.-B.
pizz.

48a
49a
I.
3 gr. Fl.
II. III.
2 Hob.
Es-Clar.
2 B-Clar.
2 Basseth.
Baßcl. (B)
3 Fag.
senza cresc.
pp senza cresc.
Chrysoth.
Ich fürchte mich.
Im Schlaf sie mor - den!
Elektra.
sie, gleichviel.
Es schläft Niemand in ihrem Vor - gemach.
Wer schläft — ist ein ge - bund - nes Op - fer.
(leichthin)
Viol. I. II. III.
Br. I. II. III.
Celli.
C.-B.
arco
arco
pp senza cresc.
50a
(steigern)
accelerando
I.
3 gr. Fl.
II. III.
2 Hob.
Es-Clar.
2 B-Clar.
I.
3 Fag.
II. III.
I. II.
4 Hörner (F)
III. IV.
I. Tromp. (C)
(in C)
II.
2 Pos.
III.
Chrysoth.
(abwehrend)
E - lek - tra!
Elektra.
Schliefen sie nicht zusamm, könnt' ich's al - lein voll - bringen.
So aber mußt du mit.
Du! — Du! — Denn
Viol. I. II.
III.
Br. I. II. III.
cresc.

51a
I. II.
3 gr. Fl.
III.
2 Hob.
Es-Clar.
2 B-Clar.
I.
3 Fag.
II. III.
I. II.
III. IV.
8 Hörner (F)
V. VII.
VI. VIII.
I.
3 Tromp. (B)
II.
III.
Baßtromp. (C)
I. II.
3 Pos.
III.
Contrabaß-posaune.
Pauken.
Elektra.
du bist stark!
I. II.
Viol.
III.
I.
Br. II.
III.
Celli.
a 2
(in B)
cresc.
molto cresc.
fp
ff
fff

52a
Sehr schnell (ganze Takte schlagen!)
quasi presto 𝅗𝅥. = 72
53a
I. II. gr. Fl.
I. II.
4 B-Clar.
III. IV.
2 Basseth.
I.
3 Fag.
II. III.
I. II.
6 Hörner (F)
III. IV.
V. VI.
(dicht bei Chrysothemis)
Elektra.
Wie stark du bist. Dich ha-ben die jung-fräu-li-chen Näch-te stark ge-macht. Über-all
Viol.
Br.
Celli.
C.-B.
54a
(hervortretend)
4 Hörner (F)
ist so viel Kraft in dir. Seh-nen hast du wie ein Fül-len. Schlank sind deine
2. Pult.

55a
56a
I. II. gr. Fl.
I. II.
4 B-Clar.
III. IV.
2 Basseth.
I.
3 Fag
II. III.
I. III.
4 Hörner (F)
II. IV.
Elektra.
Fü - ße. Wie schlank und bieg - sam — leicht um-schling ich sie — dei - ne Hüf - ten sind.
Soloviol.
die übrigen I. Viol. II.
III.
1. Pult allein
(alle)
arco
pizz.
Br.
Celli.
C.-B.
2. Pult
57a
I. Flöte.
I. Hob.
I. II.
4 B-Clar.
III. IV.
2 Basseth.
I. II.
3 Fag.
III.
I. III.
4 Hörner (F)
II. IV.
Elektra.
Du windest dich durch je-den Spalt, du hebst — dich durchs Fenster! Laß mich deine Ar - me fühlen, wie kühl —
Soloviol.
die übrigen I. Viol.
II.
III.
Br.
(alle) I.
Celli
II.
C.-B. 1.2. Pult.
(alle) pizz.

58a
59a agitato ♩.=80
I. II. gr. Fl.
2 Hob.
I. II.
4 B-Clar.
III. IV.
2 Basseth.
I.
3 Fag.
II. III.
Contrafag.
I. III.
6 Hörner (F)
II. IV.
V. VI.
I. Tromp. (B)
II. III. Pos.
Elektra.
und stark sie sind! Wie du mich abwehrst, fühl ich, was das für Ar - me sind!
(alle) I.
Viol. II.
III.
I.
Br. II.
III.
Celli. (alle)
C.-B.
cresc.
arco
60a
2 Hob.
I. II.
4 B-Clar.
III. IV.
2 Basseth.
I.
3 Fag.
II. III.
Contrafag.
I. III.
4 Hörner (F)
II. IV.
Elektra.
Du könntest er - drücken, was du an dich ziehst. Du könntest mich o - der einen Mann in dei - nen Ar - men er -
I.
Viol. II.
III.
I.
Br.
II. III.
Celli.
C.-B.

61a
(etwas ruhig)
(un poco tranquillo)
I. II. 3 gr. Fl.
III
2 Hob.
Heckelphon.
Es-Clar.
I. II. 4 B-Clar. III. IV.
2 Basseth.
II. III. Fag.
III. IV. Horn (F)
I. II. 3 Tromp. (B) III.
I. Harfe.
Elektra.
stik - - - ken, ü - berall ist so viel Kraft in dir. Sie strömt wie küh - les, ver - halt - nes Was - ser
Soloviol.
die übrigen I. Viol.
II.
III.
I. Solobr. II.
die übrigen I. Br.
II.
III.
Celli.
C.-B
dim.
molto dim.
p espr.

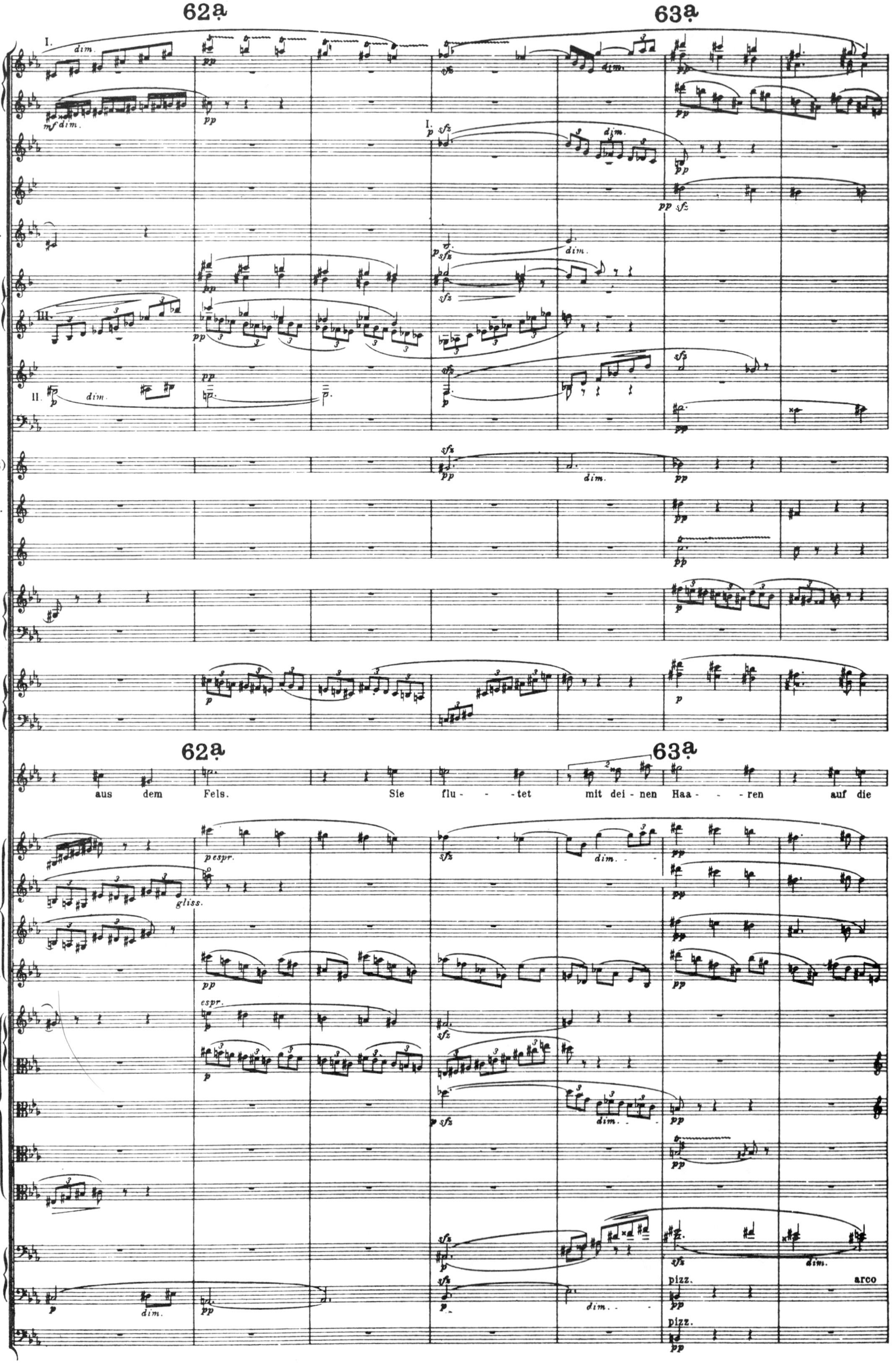

62a
63a
I. II
3 gr. Fl.
III.
2 Hob.
engl. Horn.
Heckelphon.
I. II.
4 B-Clar.
III. IV.
2 Basseth.
I. Fag.
III. Tromp. (B)
Glockenspiel.
Triangel.
I. Harfe.
II. Harfe.
Elektra.
aus dem Fels. Sie flu- - -tet mit dei-nen Haa- - -ren auf die
Soloviol.
die übrigen I. Viol.
II.
III.
I.
Solobr.
II.
die übrigen I.
Br.
II.
III.
1. Pult.
Celli.
4. 5. 6. Pult.
C.-B.
dim.
espr.
gliss.
pizz.
arco

(allmählich wieder fließender)
(poco a poco a tempo più mosso)

64a

I. II. 3 gr. Fl. III.

2 Hob.

engl. Horn.

Heckelphon.

I. II. 4 B-Clar. III. IV.

2 Basseth.

I. 3 Fag. II. III.

I. II. 6 Hörner (F) III. IV. V. VI.

III. Tromp. (B)

Pauken.

Glockenspiel.

Triangel.

I. Harfe.

II. Harfe.

Elektra.

star- -ken Schul- - - - -tern her- ab! Ich spüre durch die Küh- - -le deiner Haut das

64a

(allmählich wieder fließender)
(poco a poco a tempo più mosso)

(alle) I. Viol. II. III.

(alle) I. Br. II. III.

1.2.3. Pult. I. Celli 4.5.6. Pult. II.

C.-B.

65a
I. gr. Fl.
I. II. 4 B-Clar. III. IV.
I. Basseth.
I. II. Fag.
I. Horn (F)
V. VI. Horn (F)
Pauken.
kl. Trommel.
Elektra.
war - - me Blut hin - durch, mit meiner Wan - ge spür' ich den Flaum auf dei - nen
senza cresc.
(alle) I. Viol. II. III.
(alle) I. Br. II. III.
I. Celli. II.
C.-B.
immer lebhafter bis 67a
sempre stringendo al
66a
I. gr. Fl.
2 Hob.
I. II. 4 B-Clar. III. IV.
2 Basseth.
I. II. 3 Fag. III.
I. II. 6 Hörner (F) III. V. IV. VI.
I. II. Tromp. (B)
Pauken.
kl. Trommel.
Elektra.
jun - gen Ar - men: Du bist vol - ler Kraft, du bist schön, du bist wie ei - ne
immer lebhafter bis -
sempre stringendo al
I. III. Viol. II.
I. Br. II. III.
I. Celli. II.
C.-B.

festes Zeitmaß.
tempo primo. 𝅗𝅥.=72
68a
3 gr. Fl.
2 Hob.
Es-Clar.
4 B-Clar.
2 Basseth.
3 Fag.
6 Hörner (F)
3 Tromp. (B)
III. IV. Tuba (F)
Contrabaß-tuba.
Pauken.
2 Harfen.
Elektra.
Frucht an der Rei - - - fe Tag.
Viol.
Br.
Celli.
C.-B.
(weich)
cresc.

69a
70a 𝅗𝅥.=80
sehr bewegt.
molto Allegro.
I.
3 gr. Fl.
II. III.
a 2.
2 Hob.
Es-Clar.
I. II.
4 B-Clar.
III. IV.
2 Basseth.
I. II.
3 Fag.
III.
I. II.
6 Hörner (F)
III. V.
IV. VI.
I. Tromp. (B)
Baßtromp. (C)
I. Posaune.
III. IV. Tuba (F)
Contrabaß-tuba.
Pauken.
Chrysoth.
Laß_ mich!
Elektra.
Nein,_ ich hal - - - - - - - te dich_ Mit meinen trau - rigen, verdorr-ten Ar - men
sehr bewegt. 𝅗𝅥.=80
molto Allegro.
I. III.
Viol.
II.
I.
Br.
II. III.
I.
Celli.
II.
C.-B.

71a
72a
I. II.
3 gr. Fl.
III.
2 Hob.
engl. Horn.
Es-Clar.
I. II.
4 B-Clar.
III. IV.
I. II.
3 Fag.
III.
I. II. Horn (F)
III. Horn (F)
I. II. (B)
4 Tuben.
III. IV. (F)
Pauken.
Elektra.
um - schling — ich deinen Leib, wie du dich sträubst, ziehst du den Kno - ten nur noch fe - - - -
I. II.
Viol.
III.
I.
Br. II.
III.
73a
2 Hob.
engl. Horn.
I. II.
4 B-Clar.
III. IV.
I. Basseth.
I. II.
3 Fag.
III.
I. II. Horn (F)
III. Horn (F)
I. II. (B)
4 Tuben.
III. IV. (F)
Elektra.
- - - ster, ranken will ich mich rings um dich. ver - sen - - ken mei - ne Wur - zeln in
I. II.
Viol.
III.
I.
Br. II.
III.
I.
Celli.
II.
C.-B.

74a
75a
I.gr.Fl.
2 Hob.
engl.Horn.
Heckelphon.
I.II. 4 B-Clar. III.IV.
2 Basseth.
Baßcl.(B)
I.II. 3 Fag. III.
Contrafag.
I.Horn (F)
III.II.Horn (F)
I.II. 3 Tromp.(B) III.
Baßtromp.(C)
I.II. 3 Pos. III.
Contrabaß-posaune.
Chrysoth.
Elektra.
I.II. Viol. III.
I.II. Br. III.
I. Celli. II.
C.-B.
(hervortretend)
pizz.
arco
cresc.
dich
und mit mei - nem Wil - len dir imp - fen das Blut.
Laß mich!
(Sie flüchtet ein paar Schritte. Elektra wild ihr nach, faßt sie am Gewand.)
Nein, ich

76a
immer bewegter
sempre più moto
77a
78a
sempre accelerando
I. gr. Fl.
2 Hob.
engl. Horn.
Heckelphon.
Es-Clar.
I. II.
4 B-Clar.
III. IV.
2 Basseth.
Baßcl. (B)
I.
3 Fag.
II. III.
Contrafag.
I.
4 Hörner (F)
III. II.
IV.
II. Tromp. (B)
Chrysoth.
E - lek - - tra, hör' mich!
Du bist so klug
hilf uns aus diesem Haus.
Elektra.
laß dich nicht.
I. II.
Viol.
III.
I. II.
Br.
III.
I.
Celli.
II.
C.-B.
pizz.
arco

79a 80a

a 2

I. II. 3 gr. Fl. III.

2 Hob.

engl. Horn.

Heckelphon.

Es-Clar.

I. II. 4 B-Clar. III. IV.

2 Basseth.

Baßcl. (B)

I. 3 Fag. II. III.

Contrafag.

I. II. 4 Hörner (F) III. IV.

*) alle Streicher sehr seelenvoll, mit sehr viel *vibrato*, daher keine leeren Saiten benützen!

All the strings very tenderly, with a great deal of vibrato, thus using no open strings.

84a
2 Hob.
2 B-Clar.
I. II. Fag.
III. IV. Horn (F)
I. Harfe.
Elektra.
war - ten auf den Bräu - ti - gam.
Für ihn will ich dich sal - ben, und ins duf - ti - ge Bad sollst du mir tau - chen wie der
(vibrato)
1. Pult
I. Viol.
2. Pult
alle II. und III. Violinen
1. Pult
I. Br.
2. Pult
II. Br.
1. Pult
I. Celli.
2. Pult
Solobaß.
85a
allmählich bewegter
poco a poco più mosso
86a
I. II. gr. Fl.
2 Hob.
2 B-Clar.
Baßcl. (B)
I.
3 Fag.
II. III.
I. II.
4 Hörner (F)
III. IV.
I. Harfe.
II. Harfe.
Elektra.
jun - ge Schwan
und dei - nen Kopf an meiner Brust ver - ber - gen, be - vor er dich, die durch den Schlei - er
(vibrato)
allmählich bewegter
poco a poco più mosso
1. Pult
I. Viol.
2. Pult
II. Viol.
III. Viol.
1. Pult
I. Br.
2. Pult
1. Pult
I Celli.
2. Pult
II. Celli.
C.-B. 1. Pult
(alle)

immer bewegter
sempre più mosso
87a
p cresc.
I. II.
3 gr. Fl.
III.
2 Hob.
I. II.
4 B-Clar.
III. IV.
Baßcl. (B)
I
3 Fag.
II. III.
I. II.
4 Hörner (F)
III. IV.
2 Harfen.
(unisono)
Elektra.
glüht, wie ei-ne Fa - - - - - ckel in das Hoch-zeits-bett mit star - ken Ar - - - - - men
1. Pult
I. Viol. 2. Pult
3. 4. Pult
II. Viol.
III. Viol.
1. Pult
I. Br. 2. Pult
3. Pult
II. Br.
III. Br.
1. Pult
I. Celli. 2. Pult
3. Pult
II. Celli.
alle C.-B.
arco

88a
accelerando
I. II.
3 gr. Fl.
III.
2 Hob.
engl. Horn.
Heckelphon.
I. II.
4 B-Clar.
III. IV.
2 Basseth.
Baßcl. (B)
I.
3 Fag.
II. III.
I. II.
4 Hörner (F)
III. IV.
I. II.
3 Tromp. (C)
III.
I. II.
3 Pos.
III.
2 Harfen.
(unisono)
88a
(Chrysoth. schließt die Augen)
Chrysoth.
Nicht, Schwe - ster, - nicht.
Sprich nicht ein sol - ches Wort in diesem
Elektra.
zieht.
accelerando
1. 3. 4. Pult
I. Viol.
2. Pult
II. III. Viol.
(Doppelgriff)
1. 2. Pult
I. Br.
3. Pult
II. Br.
III. Br.
1. 2. Pult
I. Celli.
3. Pult
II. Celli.
C.-B.

89a Schon sehr schnell
moto assai ♩ = 100
2 Hob.
engl. Horn.
Heckelphon.
Baßcl. (B)
I.
3 Fag.
II. III.
Chrysoth.
Haus.
Elektra.
O ja! weit mehr als Schwester bin ich dir von diesem Tage an: ich die-ne dir wie ei-ne Skla-vin. Wenn du liegst in Weh'n,
I. II. III. Viol.
Br.
alle Celli.
alle C.-B.
90a
I. II. gr. Fl.
2 B-Clar.
2 Basseth.
I. Harfe.
Celli.
C.-B.
sitz ich an deinem Bet-te Tag und Nacht, wehr dir die Flie-gen, schöpfe küh-les Was-ser,
I. Bratschen muta in IV. Violinen.

91a
accelerando
2 Hob.
I. II.
4 B-Clar.
III. IV.
2 Basseth.
Baßcl.(B)
I.
3 Fag.
II. III.
I. II.
Hörner (F)
III. IV.
Pauken.
Elektra.
und wenn auf ein-mal auf dem nack- ten Schoß
Viol.
Br.
Celli.
C.-B.
senza cresc.
noch schneller
ancor più allegro
f subito
pp subito
92a
I. II. gr. Fl.
dir ein Le- ben- diges liegt, er-schreckendfast, so heb' ich's em-por,

93a
94a
𝅝 = 76
ganze Takte schlagen!
kl. Fl.
I. II.
3 gr. Fl.
III.
2 Hob.
engl. Horn.
Es-Clar.
I. II.
4 B-Clar.
III. IV.
2 Basseth.
I.
3 Fag.
II. III.
I. II.
4 Hörner (F)
III. IV.
Pauken.
I. Harfe.
II. Harfe.
Elektra.
so hoch, da - mit sein Lä - cheln hoch von o - ben in die tief - sten ge - heim - sten
Viol.
I. II.
III. IV.
3 Solo-Br.
II. III. Br.
I.
Celli.
II.
C.-B.
fp
dim.
pp
cresc.
p dim.
espr.
a 2
p
f

95a accelerando
2 Hob.
engl. Horn.
Heckelphon.
I. II.
4 B-Clar.
III. IV.
2 Basseth.
Baßcl (B)
I. II.
3 Fag.
III.
Contrafag.
I. II.
4 Hörner (F)
III. IV.
I. II.
3 Pos.
III.
(mit Dämpfern)
(mit Dämpfer)
Contrabaß-posaune.
Pauken.
2 Harfen.
Elektra.
95a
Klüf - - - - - te dei-ner See - - le fällt und dort das letz-te, ei-sig Gräß - - li-che vor
accelerando
I. II.
Viol.
III. IV.
II. III. Br.
I.
Celli.
II.
C.-B.
espr.
cresc.

96a
o = 84
I. II. gr. Fl.
I. Hoboe.
engl. Horn.
Heckelphon.
(hervortretend) I.
I. II.
4 B-Clar.
III. IV.
III.
espr.
2 Basseth.
Baßcl. (B)
I. II.
3 Fag.
III.
Contrafag.
I. II.
4 Hörner (F)
III. IV.
I. II. Tromp. (C)
Contrabaß-posaune.
Pauken.
2 Harfen.
r. H.
Elektra.
die - ser Son - - - - - - - ne schmilzt, und du's in hel - - - len Trä - - - - nen aus - - - wei - -
I. II.
Viol.
III. IV.
II. III. Br.
I.
Celli.
II.
C.-B.
dim.
pp
cresc.
espr.

97a
immer schneller
sempre più mosso
o=100
Prestissimo.
engl. H.
Heckelphon.
Es-Clar.
I. II.
4 B-Clar.
III. IV.
2 Basseth.
Baßcl.(B)
I. II.
3 Fag.
III.
Contrafag.
I. II.
4 Hörner(F)
III. IV.
I. Trompete (in B)
(in B)
(ohne Dämpfer)
3 Pos.
Contrabaßposaune.
I. II. (B)
4 Tuben.
III. IV. (F)
Contrabaßtuba.
gr. Trommel.
Chrysoth.
O bring mich fort! Ich sterb' in die-sem Haus!
(an den Knieen der Chrysothemis)
Elektra.
- - nen kannst.
Dein Mund ist schön, wenn er sich
I. II.
III. IV. Viol.
II. III. Br.
alle Celli.
C-Bässe.
pizz.
arco
98a
3 Fagotte.
I. II. Tromp. (B)
(II. in B)
Baßtromp(C)
II. III. Pos.
I. II. (B)
4 Tuben.
III. IV. (F)
Contrabaßtuba.
gr. Trommel.
Elektra.
ein-mal auf-tut, um zu zür - - - nen! Aus dei-nem rei-nen, star - - ken Mund muß furcht - - - bar ein
C-Bässe.

99a
kl. Fl.
I. gr. Fl.
2 Hob.
engl. H.
Heckelphon.
Es-Clar.
I. II.
4 B-Clar.
III. IV.
2 Basseth.
Baßcl.(B)
I. II.
3 Fag.
III.
Contrafag.
III. Horn (F).
I. II. Tromp. (B)
II. III. Pos.
Contrabaß-posaune.
I. II. (B)
4 Tuben.
III. IV. (F)
Contrabaß-tuba.
Pauken.
gr. Trommel.
Tamtam.
Elektra.
Schrei her-vor sprüh'n furcht-bar wie der Schrei der To- - - des-göt-tin, wenn man un-ter dir so
I. II.
III. IV. Viol.
II. III. Br.
I. II. Celli.
C.-B.

100a
accelerando
101a
accelerando
kl. Fl.
I.
3 gr. Fl.
II. III.
a 2
2 Hob.
engl. H.
Heckelphon.
Es-Clar.
I. II.
4 B-Clar.
III. IV.
2 Basseth.
Baßcl. (B)
I. II.
3 Fag.
III.
Contrafag.
I. II.
4 Hörner (F)
III. IV.
I. II.
3 Tromp. (B)
III.
(III. in B)
Baßtromp. (C)
II. III. Pos.
I. II. (B)
4 Tuben.
III. IV. (F)
Contrabaß-tuba.
gr. Trommel.
Chrysoth.
Was re - - dest du?
(aufstehend)
Elektra.
da - liegt, — wie nun ich. —
Denn eh' du die - sem Haus — und
I. II.
III. IV. Viol.
IV. Viol. muta in I. Bratschen.
II. III. Br.
alle Celli.
C.-B.

molto acceler.
Sehr lebhaft (♩= noch schneller als vorher 𝅝) sempre quasi l'istesso tempo
Molto vivace. ♩=138
102a
2 Hob.
engl. H.
Heckelphon.
Es-Clar.
I. II.
4 B-Clar.
III. IV.
2 Basseth.
3 Fagotte.
I. II.
4 Hörner (F)
III. IV.
I. II.
3 Tromp. (B)
III.
Baßtromp. (C)
I.
3 Pos.
II. III.
Contrabaß-posaune.
I. II. (B)
4 Tuben.
III. IV. (F)
Contrabaß-tuba.
Pauken.
gr. Trommel.
Elektra.
p molto cresc. - ff sfz
a 3
a 2
(mit Holzschlägel)
102a (Chrysothemis will reden, Elektra hält ihr den Mund zu)
mir ent-kommst, mußt du — es tun.
Dir führt kein Weg hinaus, als der. Ich laß dich nicht, eh' du mir Mund auf
molto acceler.
Sehr lebhaft (♩= noch schneller als vorher 𝅝) sempre quasi l'istesso tempo
Molto vivace. ♩=138
I. II.
III. Viol.
I.
II. III. Br.
Celli.
C.-B.
(Doppelgriff)
Solo.
dim.

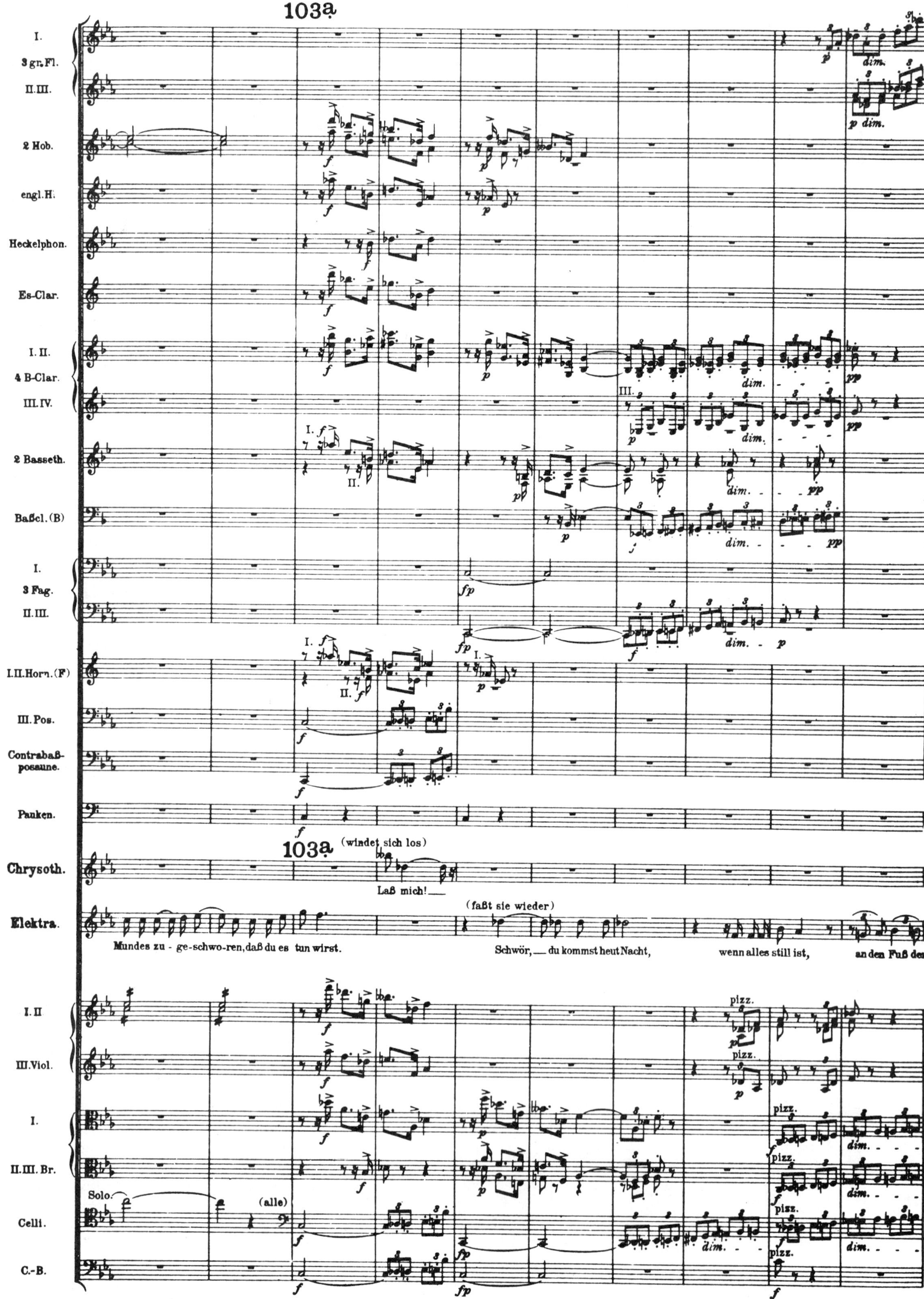
103a
I.
3 gr. Fl.
II. III.
2 Hob.
engl. H.
Heckelphon.
Es-Clar.
I. II.
4 B-Clar.
III. IV.
2 Basseth.
Baßcl. (B)
I.
3 Fag.
II. III.
I. II. Horn. (F)
III. Pos.
Contrabaß-posaune.
Pauken.
103a
(windet sich los)
Chrysoth.
Laß mich!
(faßt sie wieder)
Elektra.
Mundes zu-ge-schwo-ren, daß du es tun wirst.
Schwör, du kommst heut Nacht,
wenn alles still ist,
an den Fuß der
I. II
III. Viol.
I.
II. III. Br.
Solo.
(alle)
Celli.
C.-B.
pizz.
dim.
p dim.
pp
fp

104a
I.
3 gr. Fl.
II. III.
2 Hob.
engl. H.
Heckelphon.
Es-Clar.
I. II.
4 B-Clar.
III. IV.
2 Basseth.
Baßcl. (B)
I.
3 Fag.
II. III.
Contrafag.
I. II.
3 Hörner. (F)
III.
III. Pos.
Contrabaß-posaune.
Pauken.
Chrysoth.
Laß mich!
Elektra.
(hält sie am Gewand)
Treppe! Mädchen, sträub dich nicht! Es bleibt kein Trop - - fen Blut am Lei - - be haf - - ten! Schnell schlüpfst du aus dem
I. II.
III. Viol.
I.
II. III. Br.
Solo.
Celli.
die übrigen.
C.-B.
espr.
pespr.
dim.
arco
pizz.
a2
IV.

steigern
cresc. e string.
105a
I.
3 gr. Fl.
II. III.
2 Hob.
engl. H.
Heckelphon.
I. II.
4 B-Clar.
III. IV.
2 Basseth.
Baßcl. (B)
I. II.
4 Hörner (F)
III. IV.
I. II. Tromp. (B)
I. II. (B)
4 Tuben.
III. IV. (F)
Contrabaß-tuba.
Triangel.
kl. Trommel.
2 Harfen.
Chrysoth.
Laß mich!
Elektra.
blu-tigen Gewand mit rei-nem Leib in's hoch-zeit-li-che Hemd.
(immer dringender)
Sei nicht zu fei - - ge! Was du jetzt
I. II.
III. Viol.
I.
II. III. Br.
Solo.
Celli
I. (alle)
II.
C.-B.

jetzt 𝅗𝅥. = 𝅗𝅥 des 2/4
106a
𝅗𝅥 = 𝅗𝅥. des 3/4
I.
3 gr. Fl.
II. III.
2 Hob.
engl. H.
Heckelphon.
I. II.
4 B-Clar.
III. IV.
2 Basseth.
Baßcl. (B)
I.
3 Fag.
II. III.
Contrafag.
I. II.
4 Hörner (F)
III. IV.
I. II. Tromp. (B)
I. II.
3 Pos.
III.
I. II. (B)
4 Tuben.
III. IV. (F)
Contrabaß-tuba.
Panken.
Tamburin.
kl. Trommel.
2 Harfen.
Chrysoth.
Elektra.
p molto cresc.
(gewöhnlich)
a2
Ich kann nicht!
an Schau - dern ü - ber - windest, wird ver - gol - ten mit Won - - neschau - dern Nacht für Nacht.
I. II.
III. Viol.
I.
II. III. Br.
I. (alle)
II. Celli.
C.-B.

107a
immer gesteigerter
sempre cresc. e string. di più
108a
acceler.
I.
3 gr. Fl.
II. III.
2 Hob.
engl. H.
Heckelphon.
I. II. B-Clar.
2 Basseth.
Baßcl. (B)
I.
3 Fag.
II. III.
Contrafag.
I. II.
4 Hörner (F)
III. IV.
I. II. Tromp. (B)
I. II. (B)
4 Tuben.
III. IV. (F)
Chrysoth.
Ich kann nicht!
Ich kann
Elektra.
Sag, daß du kommen wirst.
Sieh, ich lieg vor dir und küs - - se dei-ne Fü - - - - ße.
I. II.
III. Viol.
I.
II. III. Br.
I.
II. Celli.
C.-B.

kl. Fl.
I.
3 gr Fl.
II. III.
2 Hob.
engl Horn.
Heckelphon.
Es-Clar.
I. II.
4 B-Clar.
III. IV.
2 Basseth.
Baßcl. (B)
I.
3 Fag.
II. III.
I. II.
4 Hörner (F)
III. IV.
I. II.
Tromp. (B)
I. II. (B)
4 Tuben.
III. IV. (F)
Contrabaß-tuba.
Chrysosth.
nicht!
(in's Haustor entspringend)
I. II.
Viol.
III.
I.
Br.
II. III.
I.
Celli.
II.
C.-B.
a 2
cresc.
molto cresc.

109a
kl. Fl.
3 gr. Fl.
2 Hob.
engl. Horn.
Heckelphon.
Es-Clar.
4 B-Clar.
2 Basseth.
Baßcl. (B)
a 3
3 Fag.
Contrafag.
I. II. 4 Hörner (F) III. IV.
I. 3 Tromp. (B) II. III.
109a
Baßtromp. (C)
Elektra.
Sei ver - flucht!
(mit wilder Entschlossenheit)
Nun denn, al -
I. 3 Pos. II. III.
Contrabaß-posaune.
I. II. (B) 4 Tuben. III. IV. (F)
Contrabaß-tuba.
Pauken.
gr Trommel.
110a Äußerst schnell. vivo molto 𝅗𝅥 = 80
111a
I. Basseth.
Baßcl. (B)
I. 3 Fag. II. III.
Contrafag.
110a
(Sie fängt an der Wand des Hauses, seitwärts der Türschwelle, eifrig zu graben an, lautlos wie ein Tier)
Elektra.
lein.
Äußerst schnell. vivo molto 𝅗𝅥 = 80
111a
I. II. Br. III.
I. Celli. II.
I. C.-B. II.

112a
I.
3 gr. Fl.
II. III.
2 Hob.
engl. Horn.
Heckelphon.
Es-Clar.
a 2
I. II.
4 B-Clar.
III. IV.
2 Basseth.
Baßcl. (B)
I.
3 Fag.
II. III.
Contrafag.
I.
3 Tromp. (B)
II. III.
(mit Dämpfern)
(mit Dämpfer)
Baßtromp. (C)
kl. Trommel.
112a
I.
Viol. II.
III.
I.
Br. II.
III.
I.
Celli.
II.
I.
C.-B.
II.
cresc.

113a

2 Hob.

engl. Horn.

Heckelphon.

4 B-Clar. I. II. / III. IV.

2 Basseth.

Baßcl. (B)

3 Fag. I. II. / III.

Contrafag.

4 Hörner (F) I. II. / III. IV.

3 Tromp. (B) I. / II. III.

Baßtromp. (C)

3 Pos.

4 Tuben I. II. (B) / III. IV. (F)

f fp p marcato mf

(mit Dämpfern)

(Dämpfer weg)

(mit Dämpfer)

(Dämpfer weg)

113a

(Elektra hält mit Graben inne, sieht sich um,

Viol. I. II. III.

Br. I. II. III.

Celli. I. II.

C.-B. I. II.

pizz. arco

114a
I.II.B-Clar.
2 Basseth.
Baßcl.(B)
I.
2 Fag.
II.III.
Contrafag.
I.Tromp.(B)
dim.
pp
114a gräbt wieder)
Celli.
C.-B.
115a
I.II. gr. Fl.
I. Hoboe.
I. II. B-Clar.
2 Basseth.
I. II.
3 Fag.
III.
Contrafag.
II. III.
Tromp.(B)
(mit Dämpfern)
(Elektra sieht sich von neuem um und lauscht)
115a
Viol.
Br.
Celli.
C.-B.

116a
2 Hob.
2 Basseth.
Baßcl.(B)
3 Fag.
Contrafag.
I.II.Horn.(F)
II.III.Tromp. (B)
(Dämpfer weg)
(Elektra gräbt weiter)
I.II.Viol.
Br.
Celli.
C.-B.
117a
I.gr.Fl.
engl.Horn.
Heckelphon.
I.II.B-Clar.
Viol.

118a
I. gr. Fl.
2 Hob.
engl. Horn.
Heckelphon.
2 Basseth.
Baßcl.(B)
3 Fag.
Contrafag.
II. Horn.(F)
4 Tuben.
I. II. (B)
III. IV. (F)
(Orest steht in der Hoftür, von der letzten Helle sich schwarz abhebend.)
Viol.
Br.
Celli.
C.-B.
119a
Baßtromp.(C)
3 Pos.
Contrabaß-tuba.
(Orest tritt herein.)
I. II. Viol
alle Celli.
zus.

120a
I. gr. Fl.
I.II. B-Clar.
2 Basseth.
Baßcl.(B)
I. II.
3 Fag.
III.
Contrafag.
3 Pos.
I. II. (B)
4 Tuben.
III. IV. (F)
Contrabaß-tuba.
(Elektra blickt auf ihn, er dreht sich langsam um, so daß sein Blick auf sie fällt: Elektra fährt heftig auf.)
I. II. Viol.
alle Celli.
(D Saite)
C.-B.
121a
2 Hob.
engl. Horn.
Heckelphon.
I. II. B-Clar.
I. II. Fag.
Elektra.
(zitternd)
Was willst du, fremder Mensch?
I. II.
Viol.
III.
alle Br.
alle Celli.

122a
I. gr. Fl.
2 Hob.
engl. Horn.
Heckelphon.
I. II. B-Clar.
2 Basseth.
Baßcl.(B)
I. II. Fag.
Elektra.
Was treibst du dich zur dunk - len Stun - de hier her - um, be - lau - erst, was andre tun! Ich hab' hier ein Ge -
I. II. Viol.
III.
Br.
Celli.
(die Hälfte)
C.-B.
123a Langsam und feierlich. (♩ noch etwas langsamer als vorher 𝅗𝅥)
Lento con solennità. ♩ = 69
I. gr. Fl.
engl. Horn.
Heckelphon.
I. II. B-Clar.
2 Basseth.
Baßcl.(B)
I. Fag.
3 Pos.
Contrabaß-posaune.
I. II. (B)
4 Tuben.
III. IV. (F)
Baßtuba.
Elektra.
schäft. Was kümmerts dich? Laß mich in Ruh! Warten?
Orest.
Ich muß hier warten. Doch du bist hier aus dem Haus?
Langsam und feierlich. Lento con solennità.
I. II. Viol.
Br.
C.-B.

124a
poco accelerando
I. 3 gr. Fl. II. III.
2 Hob.
engl. Horn.
Heckelphon.
I. II. B-Clar.
I. Fag.
III. Horn. F
Elektra.
Ja, ich die-ne hier im Haus. Du a-ber hast hier nichts zu schaffen.
Orest.
bist ei-ne von den Mägden dieses Hauses?
I. II. Viol. III.
3 Solo-bratschen.
die übrigen
(mit Dämpfern)
Celli.
tempo primo
125a ♩= 80 poco accelerando
2 Basseth.
Baßcl. (B)
I. 3 Fag. II. III.
I. II. 4 Hörner (F) III. IV.
3 Pos.
Contrabaß-tuba.
I. II. (B) 4 Tuben III. IV. (F)
Contrabaß-posaune.
freu dich und geh!
Die da drin-nen? Du lügst. Weiß ich doch gut, der Herr ist nicht zu Haus.
Ich sagte dir: ich muß hier warten, bis sie mich ru-fen.
(Dämpfer weg)
C.-B.

poco ritard.
tempo primo
126a getragen 𝅗𝅥 = 63
sostenuto
I. II. 3 gr. Fl. III.
2 Hob.
engl. Horn.
I. II. B-Clar.
III. IV. Clar. (in A)
2 Basseth.
Baßcl. (B)
I. II. Fag.
III. Horn. (F)
I. II. Pos.
I. II. (B) 4 Tuben III. IV. (F)
Contrabaßtuba.
Elektra.
Und sie, was soll-te sie mit dir?
Orest.
Ich und noch ei-ner, der mit mir ist, wir ha-ben ei-nen Auf-trag an die Frau. Wir sind an sie ge-
I. II. Viol. III.
1 Solobratsche.
1 Solocello.
C.-B.
(mit Dämpfer)
(Dämpfer weg)
(alle)
(getragen)
Heckelphon.
Contrafag.
schickt, weil wir be-zeu-gen kön-nen, daß ihr Sohn O-rest ge-stor-ben ist vor unsren Au-gen, denn ihn er-schlu-gen sei-ne eig-nen Pfer-de.
Br. (alle)
Celli (alle)
(vierfach)

127a
etwas bewegter ♩= 72
un poco più mosso
I. II.
3 gr. Fl.
III.
2 Hob.
engl. Horn.
Heckelphon.
2 B-Clar.
2 A-Clar.
I.
2 Basseth.
II.
Baßcl. (B)
I. II.
3 Fag.
III.
Contrafag.
I. II.
4 Hörner (F)
III. IV.
I.
3 Pos.
II. III.
I. II. (B)
4 Tuben
III. IV. (F)
Contrabaß-tuba.
Elektra.
Orest.
Ich war so alt wie er und sein Gefährte bei Tag und Nacht.
Muß ich dich noch sehn?
alle 3 Viol.
alle Br.
alle Celli.
C.-B.
(pultweise geteilt)
espr.
dim.

128a ritard.

♩= 66 tempo primo, (langsam und getragen) (lento sostenuto)

I. II. 3 gr. Fl. III.

2 Hob.

engl. Horn.

Heckelphon.

2 B-Clar.

2 A-Clar.

2 Basseth.

Baßcl. (B)

I. 3 Fag. II. III.

I. II. Horn.

III. Tromp. (B)

Baßtromp. (C)

I. II. Pos.

Pauken.

2 Harfen.

128a

Elektra.

Schleppst du dich hier her, in mei-nen trau-ri-gen Win-kel, He-rold des Un-glücks! Kannst du nicht die Bot-schaft aus-trompeten dort, wo sie sich

ritard.

♩= 66 tempo primo, (langsam und getragen) (lento sostenuto)

alle 3 Viol.

Solobratsche

alle übrigen Br.

Solo. I. Celli. die übrigen

II. Celli.

C.-B.

129a
I. II.
3 gr. Fl.
III.
a 2
p espr.
2 Hob.
engl. Horn.
Heckelphon.
2 B-Clar.
2 A-Clar.
2 Basseth.
Baßcl. (B)
I.
3 Fag.
II. III.
I. II.
4 Hörner (F)
III. IV.
(mit Dämpfern)
(Dämpfer weg)
Baßtromp. (C)
2 Harfen.
(flageolet)
(gewöhnlich)
Elektra.
freun! Dein Aug' da starrt mich an, und seins ist Gal-lert. Dein Mund geht auf und zu, und sei - ner ist mit Er - de voll-ge-pfropft. Du
Solovioline.
alle übrigen Viol.
p molto espr.
Solobratsche.
alle übrigen Br.
Solo.
I. Celli.
die übrigen
II. Celli.
C.-B.
arco

130a
I. II.
3 gr. Fl.
III.
2 Hob.
engl. Horn.
Heckelphon.
2 B-Clar.
2 A-Clar.
2 Basseth.
Baßcl. (B)
I.
3 Fag.
II. III.
Contrafag.
I. II. Horn.
II. III. Tromp. (B)
I.
3 Pos.
II. III.
I. II. (B)
4 Tuben
III. IV. (F)
Pauken.
2 Harfen.
Elektra.
Orest.
Soloviolinе.
die übrigen
Solobratsche.
die übrigen
Solo.
I. Celli.
die übrigen
II. Celli.
C.-B.
lebst, und er, der bes-ser war als du, und ed-ler tausendmal, und tausendmal so wichtig, daß er leb-te, er ist hin!
(ruhig)
Laß
(pultweise geteilt)
a 2
espr.
dim.
p espr.

131a
Baßcl. (B)
II. Fag
Contrafag.
I. 3 Pos. II. III.
I. II. (B) 4 Tuben III. IV. (F)
Contrabaßtuba.
Pauken.
2 Harfen.
Orest.
den O - rest! Erfreu-te sich zu sehr an sei-nem Le - ben. Die Götter dro - ben ver-tra-gen nicht den all-zu hel-len Laut der Lust.
So muß-te er denn
I. II. (alle) Viol. III.
Solobratsche.
die übrigen I.
II. Br.
III. Br.
Solo. I. Celli. die übrigen
II. Celli.
C.-B.
bewegter 𝅗𝅥 = 84
più mosso
bewegter 𝅗𝅥 = 96
più mosso
I. II. gr. Fl.
2 Hob.
engl. Horn.
2 B-Clar.
2 Basseth.
Baßcl. (B)
Contrafag.
(mit Dämpfern)
(mit Dämpfern)
I. II. 4 Hörner (F) III. IV.
I. II. (B) 4 Tuben III. IV. (F)
Contrabaßtuba.
Elektra
Doch ich! Doch ich!
Da - lie-gen und zu wis-sen,
Orest.
ster - ben.
I. II. Viol. III.
Solobratsche.
molto espr.
Solocello.
die übrigen Celli.

132a
I. gr. Fl.
I Hob.
engl. Horn.
2 B-Clar.
I. Basseth.
Baßcl. (B)
I. II. Fag.
I. II. Horn.
II. III. Pos.
Elektra.
daß das Kind nie_ wieder-kommt, nie_ wie-der-kommt. Daß das Kind da drunten in den Klüf-ten des Grausens lungert_ daß
Solovioline.
Viol. I. II.
Viol. III.
Solobratsche.
II. III. Br.
Solo. I. Celli. die übrigen
II. Celli.
espr.
(mit Dämpfern)
(Dämpfer weg)
sul ponticello
(gewöhnlich)
dim.
133a
♩= 88 etwas breit
un poco ritenente
2 Hob.
engl. Horn.
Heckelphon.
2 B-Clar.
2 A-Clar.
I. Basseth.
Baßcl. (B)
3 Fag.
Contrafag.
I. II. 4 Hörner (F) (mit Dämpfern) III. IV.
3 Tromp. (B)
Baßtromp. (C)
Contrabaßposaune.
(mit Dämpfern)
(mit Dämpfer)
Elektra.
die da drin-nen le-ben und sich freu-en, daß dies Ge-zücht in sei-ner Höhle lebt und ißt und trinkt und schläft_ und
I. II. Viol. III.
I Br. II. III.
I. Celli. II.
C.-B.
p espr.

134a
allmählich etwas fließender im Zeitmaß
poco a poco più moto
135a
2 Hob.
engl. Horn.
Heckelphon.
I. B-Clar.
Baßcl. (B)
3 Fag.
Contrafag.
I. II. 4 Hörner (F) (mit Dämpfern) III. IV.
3 Tromp. (B) (mit Dämpfern)
Baßtromp. (C) (mit Dämpfer)
I. II. Pos.
Contrabaßposaune. (mit Dämpfer)
(Dämpfer weg)
marcato
Elektra.
Ich hier dro - ben, wie nicht das Tier des Waldes einsam und gräßlich lebt, ich hier droben al-lein!
Was kümmert's dich,
Orest.
Wer bist denn du?
I. II. Viol. III.
alle Br.
alle Celli.
C.-B.
2 Soli.
Solo.
p espr.
136a
2 Hob.
engl. Horn.
Heckelphon.
2 B-Clar.
2 Basseth.
Baßcl. (B)
3 Fag.
I. Horn. (F)
3 Tromp. (B) (mit Dämpfern)
Baßtromp. (C) (mit Dämpfer)
I. II. 3 Pos. III.
Contrabaßposaune.
III. IV. Tuba. (F)
Pauken.
Elektra.
wer ich bin?
Ver-wandt? Ich bin dies Blut!
Orest.
Du mußt ver - wandtes Blut zu de - nen sein, die star-ben, A-ga-mem-non und O - rest.
I. II. Viol. III.
alle Br.
alle Celli.
(alle mit Dämpfern)
(Dämpfer weg)

allmählich bewegter
sempre con moto di più
a 2
= 116
2 Hob.
engl. Horn.
Heckelphon.
2 B-Clar.
2 A-Clar.
2 Basseth.
Baßcl. (B)
I. II.
3 Fag.
III.
Contrafag.
I. II.
4 Hörner (F)
III. IV.
I.
3 Tromp. (B)
II. III.
marcato
Baßtromp. (C)
I.
3 Pos.
II. III.
Contrabaß-posaune.
Elektra.
Ich bin das hündisch ver - gos - se-ne Blut des Königs A - ga - mem - non! E - lek - tra heiß ich. Er leug - nets ab. Er bläst auf mich und
Orest.
Nein!
allmählich bewegter
sempre con moto di più
= 116
I. II.
Viol.
III.
I. II.
Br.
III.
I.
Celli.
II.
C.-B.

137a
accelerando
noch lebhafter ♩= 138
Ancor più Allegro
I.
3 gr. Fl.
II. III.
2 Hob.
engl. Horn.
Heckelphon.
2 B-Clar.
2 A-Clar.
2 Basseth.
Baßcl. (B)
I. II.
3. Fag.
III.
Contrafag.
I. II.
6 Hörner (F)
III. IV.
V. VI.
I.
3 Tromp. (B)
II. III.
Baßtromp. (C)
I.
3. Pos.
II. III.
Contrabaß-posaune.
Pauken.
Elektra.
Orest.
nimmt mir meinen Namen
Weil ich nicht Va - ter hab,
noch Bru - - der,
bin ich der Spott der Buben!
E - lek - tra!
E - lek - tra!
E - lek - - - tra! E -
p molto cresc.
a 2
I. III.
II. IV.
Viol.
Br.
Celli.
C-B.

138a
ruhiger
meno Allegro
3 gr. Fl.
2 Hob.
engl. Horn.
Heckelphon.
2 B-Clar.
2 A-Clar.
I. II. Fag.
6 Hörner (F)
3 Tromp. (B)
(mit Dämpfern)
(mit Dämpfer)
Pauken
Elektra.
Laß mein Kleid!
Orest.
lek-tra! So seh' ich sie? Ich seh' sie wirklich, du? So haben sie dich darben lassen, o-der- sie haben dich geschlagen?
Viol.
Br.
alle Celli.
C.-B.
wieder lebhafter
Allegro
139a
2 Basseth.
3 Fag.
I. Horn (F)
(Dämpfer weg)
Wühl nicht mit deinem Blick daran.
Laß mich!
Was haben sie ge-macht mit deinen Näch-ten? Furcht - bar sind deine Au - gen, hohl sind deine Wangen!
cresc.

140a
ruhiger 𝅗𝅥 = 116
meno Allegro
I. II.
3 gr. Fl.
III.
2 Hob.
engl. Horn.
Es-Clar.
2 B-Clar.
2 A-Clar.
(muta in B)
2 Basseth.
Baßcl. (B)
I. II.
3 Fag.
III.
I. II.
4 Hörner (F)
III. IV.
I. II. Tromp. (B)
II. III. Pos.
Pauken.
Elektra.
Geh in's Haus, drin hab ich eine Schwester, die be-wahrt sich für Freuden-fe-ste auf!
Ich will nicht wissen, wer du
Orest.
E - lek - tra, hör mich!
Viol.
Br.
Celli.
C.-B.
espr.
cresc.
p espr.
pizz.
arco

wieder lebhafter
Allegro
acceler.
141a
I.
2 gr. Fl.
II. III.
2 Hob.
engl. Horn.
Heckelphon.
2 B-Clar.
2 Basseth.
Baßcl. (B)
I. II.
3 Fag.
III.
I. III.
II. IV.
8 Hörner (F)
V. VII.
VI. VIII.
(mit Dämpfern)
I.
3 Tromp. (B)
II. III.
(mit Dämpfer)
Baßtromp. (C)
I. II.
3 Pos.
III.
Contrabaß-tuba.
Pauken.
Elektra.
(Elektra wirft sich herum)
bist, ich will Nie - mand sehn.
Orest.
(leise)
Hör mich an, ich hab nicht Zeit. Hör zu: O-re - stes lebt! Wenn du dich regst, ver-
I. II.
Viol.
III.
I.
Br. II.
III.
alle Celli.
C.-B.
pizz.
arco

sehr lebhaft
molto Allegro
I gr. Fl.
2 Hob.
engl. Horn.
2 B-Clar.
I Basseth.
3 Fag.
8 Hörner (F)
(Dämpfer weg)
(ohne Dämpfer)
2 Tromp. (B)
3 Pos.
Pauken.
Elektra.
So ist er frei? Wo ist er?
So rett' ihn doch, be-vor sie ihn er-wür-gen.
Orest.
rätst du ihn.
Er ist un-ver-sehrt wie ich.
Bei meines Va-ters Leich-nam, da-zu
Viol.
alle Br.
alle Celli.
C.-B.
pizz.
arco

142a
I.
3 gr. Fl.
II. III.
2 Hob.
engl. Horn.
I. II.
4 B-Clar.
III. IV.
2 Basseth.
I.
3 Fag.
II. III.
I. III.
II. IV.
8 Hörner (F)
V. VII.
VI. VIII.
I.
3 Tromp. (B)
II. III.
Baßtromp. (C)
3 Pos.
Contrabaßtuba.
Pauken.
2 Harfen.
Elektra.
Orest.
I.
Viol. II.
III.
I. II.
Br.
III.
Solo.
Celli.
die übrigen
C.-B.
(singend)
espr.
(ohne Dämpfer)
(sehr weich)
(mit Holzschlägel)
a 2
142a (von seinem Ton getroffen)
Wer bist denn du?
kam ich her!
Der alte finstere Diener stürzt, gefolgt von drei andern Dienern, aus dem Hof lautlos herein, wirft sich vor Orest nieder, küßt seine Füße, die andern Orests Hände und den Saum seines Gewandes.
(pultweise)
(mit Dämpfern)

143a

I. 3 gr. Fl. II. III.

2 Hob.

engl. Horn.

Es-Clar.

I. II. 4 B-Clar. III. IV.

2 Basseth.

Baßcl. (B)

I. 3 Fag. II. III.

I. III. II. IV. 8 Hörner (F) V. VII. VI. VIII.

I. Tromp. (B)

Contrabaß-tuba.

Pauken.

2 Harfen.

Viol. I. II. III.

Br. I. II. III.

Celli. Solo. I. II.

C.-B.

p mf espr. molto espr. (singend) p weich (mit Schwammschlägeln) pp

143a

acceler.
I.
3 gr. Fl.
II. III.
2 Hob.
engl. Horn.
I. II.
4 B-Clar.
III. IV.
2 Basseth.
Baßcl. (B)
I.
3 Fag.
II. III.
I. III.
II. IV.
8 Hörner (F)
V. VII.
VI. VIII.
I.
3 Tromp. (B)
II. III.
Baßtromp. (C)
I. II.
3 Pos.
III.
Contrabaßtuba.
2 Harfen.
Elektra.
Orest.
Viol. I. II. III.
Br. I. II.
Solo.
Celli. I. II.
C.-B
mf dim. pp
molto espr.
p espr.
cresc.
a 2
(kaum ihrer mächtig)
Wer bist du denn? Ich fürchte mich.
(sanft)
Die Hun-de auf dem Hof er-ken-nen mich,
(steigern)
und meine
(pultweise geteilt)
cresc. molto
(Dämpfer weg)

𝅗𝅥 = 88
sehr schnell ¢
Vivace assai

144a

I.
3 gr. Fl.
II. III.
2 Hob.
engl. Horn.
Heckelphon.
Es-Clar.
I II
4 B-Clar.
III IV
2 Basseth.
Baßcl. (B)
I.
3 Fag.
II. III.
Contrafag.
I. III.
II. IV.
8 Hörner (F)
V. VII.
VI. VIII.
I.
3 Tromp. (B)
II. III.
Baßtromp. (C)
I. II.
3 Pos.
III.
Contrabaß-posaune.
Contrabaß-tuba.
Pauken.

144a

Elektra. (aufschreiend) O-rest!

Orest. Schwe - ster nicht?

𝅗𝅥 = 88
sehr schnell ¢
Vivace assai

I. II.
Viol.
III.
I.
Br.
II. III.
Solo.
Celli.
I.
die übrigen
II.
C.-B.

145a
I.
3 gr. Fl.
II. III.
a 2
ff
2 Hob.
engl. Horn.
Heckelphon.
Es-Clar.
I. II.
4 B-Clar.
III. IV.
2 Basseth.
Baßcl. (B)
I.
3 Fag.
II. III.
Contrafag.
I. III.
II. IV.
8 Hörner (F)
V. VII.
VI. VIII.
I.
3 Tromp. (B)
II III.
Baßtromp. (C)
I. II.
3 Pos.
III.
Contrabaß-posaune.
Contrabaß-tuba.
Pauken.
145a
I. II.
Viol.
III.
I.
Br.
II. III.
I.
Celli.
II.
C.-B

146a
I.
3 gr. Fl.
II. III.
2 Hob.
engl. Horn.
Heckelphon.
Es-Clar.
I. II.
4 B-Clar.
III. IV.
2 Basseth.
Basscl. (B)
I.
3 Fag.
II. III.
Contrafag.
I. III.
II. IV.
8 Hörner (F)
V. VII.
VI. VIII.
I.
3 Tromp. (B)
II. III.
Basstromp. (C)
I.
3 Pos.
II. III.
Contrabass-posaune.
Contrabass-tuba.
Pauken.
146a
I. II.
Viol.
III.
I.
Br.
II. III.
I.
Celli.
II.
C.B.
a 2.
ff
espr.
dim.

147a
dim. poco a poco
I.
3 gr. Fl.
II. III.
a 2.
dim. poco a poco
2 Hob.
dim. poco a poco
engl. Horn.
dim. poco a poco
Heckelphon.
dim.
Es-Clar.
dim. poco a poco
I. II.
4 B-Clar.
III. IV.
dim.
2 Bassethh.
dim. poco a poco
dimin. poco a poco
Basscl. (B)
I.
3 Fag.
II. III.
dimin. poco a poco
Contrafag.
dimin. poco a poco
I. III.
dimin. poco a poco
II. IV.
8 Hörner (F)
V. VII.
dimin.
VI. VIII.
I.
3 Tromp. (B)
II. III.
dimin.
I.
3 Pos.
II. III.
dim.
Contrabasstuba.
Pauken.
147a
dimin. poco a poco
I. II.
Viol.
III.
I.
Br.
II. III.
I.
Celli.
II.
C-B.

148a
calando
ritard.
I.
3 gr. Fl.
II. III.
2 Hob.
engl. Horn.
I. II. B-Clar.
2 Basseth.
Basscl. (B)
I.
3 Fag.
II. III.
Contrafag.
I. III.
6 Hörner (F)
II. IV.
VI. VIII.
Pauken.
Elektra.
148a (ganz leise, bebend)
O - rest!
O - rest!
O - rest!
calando
ritard.
I. II.
Viol.
III.
muta in IV. Violinen.
IV. Viol.
I.
Br.
II. III.
Solo.
I.
Celli.
II.
(die Hälfte)
Solobass.
C-B.
Mässig bewegt.
Moderato. 𝅗𝅥=108
149a
I. II. gr. Fl.
2 Hob.
I. II.
4 B-Clar.
III. IV.
Basscl. (B)
I. II. Fag.
I. II.
4 Hörner (F)
III. IV.
Elektra.
Es rührt sich Niemand.
149a
(sehr ausdrucksvoll)
(molto con espressione)
O lass deine Au-gen mich sehn,
Traum -
Mässig bewegt.
Moderato. 𝅗𝅥=108
I. II.
Viol.
III. IV.
II. III. Br.
Solo.
I. Celli.
die übrigen
II. Solocello.
II. Celli.
Solobass.
Solo.

150a
I. II. gr. Fl.
I. II. B-Clar.
Bassc1. (B)
I. II. Fag.
III. IV. Horn (F)
Elektra.
-bild, mir geschenktes Traumbild, schö- - - ner als al-le Träu - me. Heh - res, un - be-greif-
I.
II.
Viol.
III.
IV.
II. III. Br.
1. Pult.
I. Celli.
(die übrigen)
II. Celli.
Solo.
C-B.
(die übrigen)
poco ritard.
151a
a tempo
I. II. gr. Fl.
I. Hob.
I. II. B-Clar.
Bassc1. (B)
I. II. Fag.
I. II.
4 Hörner (F)
III. IV.
Elektra.
(breit)
-liches, er - ha- - - benes Gesicht, ob leib bei mir! Lös nicht in Luft dich auf, ver-geh mir nicht, ver-geh mir nicht, es sei denn, dass ich
1. Pult.
I. Viol.
(die übrigen)
II.
III.
IV. Viol.
Solo.
II. III. Br.
(die übrigen)
1. Pult.
I. Celli.
(die übrigen)
II. Celli.
Solo.
C-B.
(die übrigen)

152a
I.II. gr. Fl.
2 Hob.
I.II. B-Clar.
2 Basseth.
Bassel. (B)
I.
3 Fag.
II.III.
I.II.
4 Hörner (F)
III.IV.
Elektra.
jetzt gleich sterben muss und du dich an - zeigst und mich ho - - - - lenkommst: Dann sterb' ich se - - - -
1. Pult.
I. Viol.
(die übrigen.)
II. Viol.
III. Viol.
IV. Viol.
Solo.
II. III. Br.
(die übrigen.)
1. Pult.
I. Celli.
(die übrigen.)
II. Celli.
Solo.
C.-B.
(die übrigen.)

153a
I.II. gr Fl.
2 Hob.
I.II.
4 B-Clar.
III.IV.
2 Basseth.
Basscl. (B)
I.
3 Fag.
II.III.
I. II.
III. IV.
8 Hörner (F)
V. VI.
VII. VIII.
Elektra.
-li-ger als ich ge-lebt.
O-rest!
I. II. (alle)
Viol.
III. IV.
II.III. Br. (alle)
I. (alle)
Celli.
II.
C:B. (alle)
molto espr.
cresc.
dim.
154a
poco calando
dim. poco a poco
O-rest!
II.III. Br.
C:B.

155a
etwas fließender im Zeitmaß
un poco più scioltamente
I.II. gr. Fl.
2 Hob.
engl. Horn.
Heckelphon.
I.II.
4 B-Clar.
III.IV.
2 Basseth.
Basscl. (B)
I.
3 Fag.
II.III.
III. IV.
4 Hörner (F)
V. VI.
Basstromp. (C)
(Orest neigt sich zu Elektra, sie zu umarmen)
(heftig)
Elektra.
Nein, du sollst mich nicht umar - men!
I. II.
Viol.
III.IV.
II.III. Br.
alle Celli.
C-B.
156a
poco calando
157a
etwas ruhig und gehalten
un poco meno mosso e sostenuto
3 gr. Fl.
Es-Clar.
Tritt weg!
Ich schä-me mich vor dir. Ich weiss nicht, wie du mich ansiehst. Ich bin nur mehr der

(breit)
(allargando)
poco ritard.
158a
etwas langsamer
un poco lento
I. II. 3 gr. Fl. III.
2 Hob.
engl. Horn.
Es-Clar.
I. II. 4 B-Clar. III. IV.
2 Basseth.
I. Fag.
I. 3 Hörner (F) III. IV.
I. Tromp. (E)
Elektra.
(sehr zart aber ausdrucksvoll)
(gestopft)
(offen)
(in E)
(leise)
Leichnam deiner Schwester, mein ar - mes Kind.
Ich weiss: Es schau - dert dich vor mir, und war doch eines Kö - nigs Tochter.
(mit Dämpfern)
(ohne Dämpfer)
tremolo (sehr dicht)
Viol.
II. III. Br.
3 Solocelli.
3 Soli
159a
(nicht schleppen)
3 gr. Fl.
I. Hob.
Heckelphon.
vibrato
Bassel. (B)
I. Horn (F)
(in B)
2 Harfen.
Ich glaube, ich war schön:
wenn ich die Lampe aus - blies vor meinem Spiegel fühlt
Br.

160a
I.II. gr. Fl.
2 Hob.
engl. Horn.
Es-Clar.
I.II. B-Clar.
2 Basseth.
I Fag.
I. II.
4 Hörner (F)
III. IV.
I. Tromp. (B)
Becken.
Glockenspiel.
2 Harfen.
Elektra.
1. Pult.
I. Viol.
(die übrigen)
II.
III.
IV. Viol.
II.
III. Br.
alle Celli.
𝅗𝅥 = 112
espr.
pp
vibrato
(mit Dämpfern)
(gewöhnlich)
(hervortretend)
flageolet
Solo
(alle)
(dreifach)
ich es mit keu - schem Schau - er. Ich fühlt' es, wie der dün - ne Strahl des Mon - des in meines
I.
3 gr. Fl.
II.III.
2 Hob.
I.II. B-Clar.
I. Fag.
3 Tromp. (B)
Glockenspiel.
2 Harfen.
Elektra.
1. Pult.
I. Viol.
(die übrigen)
II.
III.
IV. Viol.
II. III. Br.
(dreifach)
alle Celli.
dim.
Kör - pers wei - sser Nakt - heit ba - de - te so wie in einem Wei - her.

161a

kl. Fl.
I. 3 gr. Fl. II. III.
2 Hob.
Es-Clar.
I. II. B-Clar.
I. Fag.
III. Horn. (F)
3 Tromp. (B)
2 Harfen.
Elektra.
1. Pult I. Viol. (die übrigen)
II.
III.
IV. Viol.
II. III. Br.
Celli (alle)

espr. — a 2. espr. — (hervortretend) — (Dämpfer weg) — A-Saite espr. — glissando — (ohne I. Pult) — G-Saite — D-Saite — (gewöhnlich) — G-Saite

Elektra: Und mein Haar war sol - ches Haar, vor dem die Män - ner zit - - -

162a — poco ritenuto — 𝅗𝅥 = 100 (ruhig) (tranquillo)

kl. Fl.
2 gr. Fl.
I. Hob.
I. II. B-Clar.
I. Basseth.
I. Fag.
III. IV. Horn.
Elektra.
I. u. II. Viol. (ohne 1. Pult)
III. IV. Viol.
Solo. Celli. (die übrigen.)

(mit Dämpfern) — glissando — tremolo

Elektra: - - - - - - - - tern, dies Haar versträhnt, beschmutzt er - niedrigt.

poco calando
163a
allmählich bewegter
poco a poco più mosso
I. II.
3 gr. Fl.
III.
2 Hob.
engl. Horn.
Heckelphon.
Es-Clar.
2 B-Clar.
2 A-Clar.
2 Basseth.
Baßcl. (B)
I.
3 Fag.
II. III.
I. II.
6 Hörner (F)
III. IV.
(Dämpfer weg)
V. VI.
I. Tromp. (B)
3 Pos.
Celesta.
Elektra.
Verstehst du's Bruder? Ich ha-be Al-les, was ich war, hin-ge-ben müs-sen. Mei-ne Scham
I. II. (alle)
Viol.
III. IV.
(ohne Dämpfer)
(Doppelgriff)
II. III. Br.
Solo.
Celli.
(die übrigen)
(geteilt)
C.-B.

164a
I. II.
3 gr. Fl.
III.
2 Hob.
engl. Horn.
Heckelphon.
Es-Clar.
2 B-Clar.
2 A-Clar.
2 Basseth.
Baßcl. (B)
I. Fag.
I. Pos.
Celesta.
Elektra.
hab' ich ge-op - fert, die Scham, die sü - - - - - - - -
I. II.
Viol.
III.
II. III. Br.
Solo.
Celli.
(die übrigen)
C.-B.
espr.
dim.

kl. Fl.
I. II. 3 gr. Fl. III.
engl. Horn.
2 B-Clar.
2 A-Clar.
Baßcl. (B)
VI. Horn. (F)
Celesta.
Elektra.

- - - - ßer als Al - - les ist, die Scham,

I. II. Viol. III.
II. III. Br.
Solo. Celli. II. 1. Pult.

165a

kl. Fl.
I. II. 3 gr. Fl. III.
2 Hob.
engl. Horn.
2 A-Clar.
Baßcl. (B)
I. II. 6 Hörner (F) III. IV.
V. VI.
Celesta.
Elektra.

die wie der Sil - - ber-dunst, der mil - - - - - chi-ge des Monds,

I. II. Viol. III. IV.
II. III. Br.
Solo. I. Celli. 2. Pult.
3. Pult.
II. Celli. 1. Pult.

166a wieder gehaltener
più sostenuto
kl. Fl.
I. II.
3 gr. Fl.
III.
2 Hob.
engl. Horn.
2 B-Clar.
2 A-Clar.
2 Basseth.
Baßcl. (B)
I.
3 Fag.
II. III.
I. II.
6 Hörner (F)
III. IV.
V. VI.
I.
3 Pos.
II. III.
Contrabaß-tuba.
Pauken.
Celesta.
Elektra.
um je-des Weib her-um ist und das Gräß-li-che von
cresc.
espr.
wieder gehaltener
più sostenuto
I. II.
Viol.
III. IV.
II. III. Br.
Solo.
I. Celli.
2. Pult.
3. Pult.
1. Pult.
II. Celli.
2.3. Pult.
C.-B.

poco ritard.
a tempo, mäßig bewegt
♩ = 112 moderato
kl. Fl.
I. II.
3 gr. Fl.
III.
molto espr.
a 2
2 Hob.
espr.
engl. Horn.
2 B-Clar.
Baßcl. (B)
I.
3 Fag.
II. III.
dim.
I.
3 Hörner (F)
III. IV.
3 Tromp. (B)
(sehr zart)
I.
3 Pos.
II. III.
Contrabaß-tuba.
Pauken.
Elektra.
ihr und ih - rer See - le weg - - hält. Verstehst du's, Bru - der? Diese sü - ßen Schau - der hab
I. II.
Viol.
III. IV.
G-Saite
II.
Br.
III.
(geteilt)
(breit gestrichen)
Solo.
I. Celli.
(d. übrigen)
pizz.
1. Pult.
II. Celli.
2. 3. Pult.
C.-B.

167a
I. II. gr. Fl.
2 Hob.
engl. Horn.
2 B-Clar.
2 Basseth.
Baßcl. (B)
I. 3 Fag. II. III.
Contrafag.
I. Horn.
I. 3 Pos. II. III.
Elektra.
I. II. Viol. III. IV.
II. Br. III.
Solo. Celli. (die übrigen)
C.-B.
(etwas hervortretend)
(zart, ausdrucksvoll)
— ich dem Va - - - ter o - pfern müs - sen. Meinst du, wenn ich an meinem Leib mich freu - te,
breit (gestrichen)
(Doppelgriff)
arco
168a
3 gr. Fl.
Heckelphon.
I. II. (mit Dämpfern) 4 Hörner (F) III. IV.
II. III. Pos.
Pauke.
II. III. Br.
(etwas gehalten) poco sostenuto
(mit Dämpfern)
düster
dran - gen sei-ne Seuf - - - - zer, drang nicht sein Stöh - nen an mein Bet - te? Ei - fersüchtig sind die To - - -
(dreifach)

169a
accelerando
immer lebhafter
sempre più allegro
170a
kl. Fl.
I. II. gr. Fl.
2 Hob.
engl. Horn.
Heckelphon.
Es-Clar.
2 B-Clar.
2 Basseth.
Baßcl. (B)
I.
3 Fag.
II. III.
Contrafag.
I. II.
(mit Dämpfern.)
4 Hörner (F)
III. IV.
I. II.
3 Tromp. (B)
III.
Baßtromp. (C)
I.
3 Pos.
(mit Dämpfern.)
II. III.
Contrabaß-pos.
(mit Dämpfer.)
Contrabaß-tuba.
(mit Dämpfer.)
Elektra.
- - ten: und er schickte mir den Haß, den hohl - äugigen Haß als Bräu - ti - gam.
So bin ich eine Pro-
I. II.
Viol.
III. IV.
II. III. Br.
I. (alle)
Celli.
II.
C.-B.
(mit Dämpfern)
(mit Dämpfer)
pizz.
arco
cresc.

171a
ritard.
ziemlich bewegt
con moto assai
I. II. gr. Fl.
2 Hob.
engl. Horn.
Heckelphon.
Es-Clar.
2 B-Clar.
2 Basseth.
Baßcl. (B)
I.
3 Fag.
II. III.
Contrafag.
I. II.
4 Hörner (F)
III. IV.
(ohne Dämpfer)
I. II.
3 Tromp. (B)
III.
(Dämpfer weg)
Baßtromp. (C)
3 Pos.
Contrabaß-pos.
Contrabaß-tuba.
Pauke.
Elektra.
phe-tin immerfort ge - we - sen und ha-be nichts her-vor - gebracht aus mir und meinem Leib als Flü - - che und Ver - zweif - lung.
I. II.
Viol.
III. IV.
II. III. Br.
I.
Celli.
II.
C.-B.
cresc.

I. II. gr. Fl.
2 Hob.
engl. Horn.
Heckelphon.
Es-Clar.
2 B-Clar.
2 Basseth.
Baßcl. (B)
3 Fag.
4 Hörner (F)
3 Pos.
Elektra.
Was schaust du ängstlich um dich? Sprich zu mir! Sprich doch! Du zit - terst ja am gan-zen Leib?
Orest.
Laß
Viol.
Br.
Celli.
C.-B.

172a

accelerando - - - - 𝄵 (𝅗𝅥 = 69) - - - - - - - - - - molto - - - - - - lebhaft
Vivo. 𝅗𝅥 = 76

I. II. gr. Fl.
2 Hob.
engl. Horn.
I. II. / 4 B-Clar. / III. IV.
2 Basseth.
Baßcl. (B)
I. / 3 Fag. / II. III.
I. II. / 4 Hörner (F) / III. IV.
I. (C) / 2 Tromp. / III. (B)
Baßtromp. (C)
I. II. (B) / 4 Tuben. / III. IV. (F)
Contrabaßtuba.
Pauken.
Becken und gr. Trommel.

172a

Orest.

zit - tern diesen Leib. Er ahnt, wel - - chen Weg ich ihn füh - re.

accelerando - - - - 𝄵 (𝅗𝅥 = 69) - - - - - - - - - - molto - - - - - - lebhaft
Vivo. 𝅗𝅥 = 76

(schwungvoll)

I. II. / Viol. / III. IV.
II. / Br. / III.
I. / Celli. / II.
C.-B.

173a
I.II.gr.Fl.
2 Hob.
I.II. B-Clar.
2 Basseth.
Baßcl.(B)
Contrafag.
III.IV. Horn(F)
II.III. Pos.
I. II.(B)
4 Tuben.
III.IV.(F)
Contrabaß-tuba.
Elektra.
Du wirst es tun? Al - lein? Du ar - mes Kind?
Du wirst es
Orest.
Die die-se Tat mir auf - er-legt, die Göt - ter, werden da sein,
Viol.
Br.
Celli.
C.-B.
pizz.
arco
cresc.

174a
I.
3 gr. Fl.
II. III.
2 Hob.
I. II.
4 B-Clar.
III. IV.
2 Basseth.
Contrafag.
I. Tromp. (C)
III Tromp. (B)
Baßtromp. (C)
II. III. Pos.
I. II. (B)
4 Tuben.
III. IV. (F)
Contrabaß-tuba.
Pauken.
Becken.
gr. Trommel.
I. Harfe.
II. Harfe.
Elektra.
Orest.
I. II.
Viol.
III. IV.
II.
Br.
III.
I.
Celli.
II.
C.-B.
cresc.
pizz.
arco
tun! Der ist se - lig, der tun darf! Die Tat
mir zu hel-fen. Ich will es tun, ich will es ei - lig tun!

ritard. **175a** a tempo

I. II. 3 gr. Fl. III.

2 Hob.

engl. Horn.

I. II. 4 B-Clar. III. IV.

2 Basseth.

Baßcl. (B)

II. III. Fag.

Contrafag.

I. II. 4 Hörner (F) III. IV.

Baßtromp. (C)

III. Pos.

I. II. (B) 4 Tuben. III. IV. (F)

Contrabaß-tuba.

Pauken.

2 Harfen. (unisono)

175a

Elektra. — ist wie ein Bet - te, auf dem die See - le aus - ruht, wie ein Bett von Bal - - sam, drauf die See - le

Orest. Ich wer - - - de es tun!

ritard. a tempo

I. II. Viol. III. IV.

II. Br. III.

I. Celli. II.

C.-B.

p dim. pp espr. cresc. arco pizz.

176a
accelerando
2 Hob.
engl. Horn.
Heckelphon.
Es-Clar.
I. II.
4 B-Clar.
III. IV.
2 Basseth.
Baßcl. (B)
I.
3 Fag.
II. III.
Contrafag.
I. II.
4 Hörner (F)
III. IV.
I. II. Tromp. (C)
I. II. Pos.
III. IV. Tuba (F)
Pauken.
Elektra.
ru - hen kann, die ei - ne Wun - de ist, ein Brand, ein Ei - ter, ei - ne Flam -
Orest.
Ich wer -
I. II.
Viol.
III. IV.
II.
Br.
III.
I.
Celli.
II.
C.-B.
molto cresc.
cresc.
marcato
a 2

sehr lebhaft
vivace assai
177a
kl. Fl.
I.
3 gr. Fl.
II. III.
2 Hob.
engl. Horn.
Heckelphon.
Es-Clar.
I. II.
4 B-Clar.
III. IV.
2 Basseth.
Baßcl. (B)
I
3 Fag.
II. III.
I. II.
6 Hörner (F)
III. IV.
V. VI.
I. II. Tromp. (C)
Baßtromp. (C)
I. II.
3 Pos.
III.
Contrabaß-posaune.
III. IV. Tuba (F)
Pauken.
Becken.
gr. Trommel.
2 Harfen. (unisono)
Elektra.
Orest.
(sehr schwungvoll)
- me!
Der ist se - lig, der sei-ne Tat zu tun kommt,
- de es tun!
sehr lebhaft
vivace assai
I. II.
Viol.
III. IV.
II.
Br.
III.
I.
Celli.
II.
C.-B.
(Doppelgriff)
arco

178a immer bewegter
sempre più mosso
I. II.
3 gr. Fl.
III.
2 Hob.
engl. Horn.
Heckelphon.
I. II.
4 B-Clar.
III. IV.
2 Basseth.
Baßcl. (B)
I.
3 Fag.
II. III.
I. II.
III. IV.
8 Hörner (F)
V. VI.
VII. VIII.
I. II. Tromp. (C)
Baßtromp. (C)
I. II.
3 Pos.
III.
Contrabaß-posaune.
Pauken.
Becken.
gr. Trommel.
2 Harfen.
Elektra.
se-lig der, der ihn er-sehnt, se - lig, der ihn er - schaut.
immer bewegter
sempre più mosso
I. II.
Viol.
III. IV.
II.
Br.
III.
I.
Celli.
II.
C.-B.
a 2
dim.
cresc.
espr.
pizz.
arco

𝅗𝅥 = 96

179a 𝅗𝅥 = 100

I. II. / 3 gr. Fl. / III.

2 Hob.

engl. Horn.

Heckelphon.

Es-Clar.

I. II. / 4 B-Clar. / III. IV.

2 Basseth.

Baßcl. (B)

I. / 3 Fag. / II. III.

I. II. / III. IV. / 8 Hörner (F) / V. VI. / VII. VIII.

I. II. Tromp. (C)

Baßtromp. (C)

I. II. Pos.

Pauken.

Becken.

gr. Trommel.

2 Harfen.

Elektra.

Se - - - - lig, wer ihn er-kennt, se - - - - lig, wer ihn be - rührt.

179a

𝅗𝅥 = 96 𝅗𝅥 = 100

I. II. / Viol. / III. IV.

II. / Br. / III.

I. / Celli. / II.

C.-B.

accelerando
kl. Fl.
I. III. gr. Fl.
2 Hob.
engl. Horn.
I. II.
4 B-Clar.
III. IV.
2 Basseth.
Baßcl. (B)
I.
3 Fag.
II. III.
I. II.
III. IV.
8 Hörner (F)
V. VI.
VII. VIII.
I. Tromp. (C)
Baßtromp. (C)
III. Pos.
Pauken.
Becken.
gr. Trommel.
2 Harfen.
Elektra.
Se - lig, wer ihm das Beil aus der Er - de gräbt,
se - - lig,
wer ihm die Fak - - - - kel hält,
accelerando
I. II.
Viol.
III. IV.
II.
Br.
III.
I.
Celli.
II.
C.-B.
espr.
marcato
cresc.

180a
accelerando
M. 𝅗𝅥 = 138
schnell und heftig (𝅗𝅥 schneller als vorher 𝅗𝅥)
Allegro molto e violente.
kl.Fl.
I.
3 gr. Fl.
II.III.
2 Hob.
engl.Horn.
Heckelphon.
Es-Clar.
I.II.
4 B-Clar.
III.IV.
2 Basseth.
Baßcl.(B)
I.
3 Fag.
II.III.
Contrafag.
I.II.
III.IV.
8 Hörner.(F)
V.VI.
VII.VIII.
(gestopft)
(offen)
(muta in B.Tuben)
(muta in F-Tuben)
I.(C)
3 Tromp.
II.III.(B)
(mit Dämpfern)
(Dämpfer weg)
(mit Dämpfer)
Baßtromp.(C)
I.II.
3 Pos.
III.
Contrabaß-posaune.
Contrabaß-tuba.
I. Pauken.
II. Pauken.
Becken.
gr. Trommel
Elektra.
se - lig, se - - lig, wer ihm öff - - - net die Tür.
I.II.
Viol.
III.IV.
IV. Violinen muta in I. Bratschen.
II.
Br.
III.
I.
Celli.
II.
C.-B.
marcato
cresc.

181a

2 Basseth. · Baßcl.(B) · I. II. / III. 3 Fag. · Contrafag. · II. IV. Horn.(F) · I. II.(B) / III. IV.(F) 4 Tuben. · Contrabaßtuba. · Der Pfleger · II. III. Br. · alle Celli. · C.-B.

Der Pfleger Orests steht in der Hoftür, ein starker Greis mit blitzenden Augen.

Der Pfleger (hastig auf sie zu): Seid ihr von Sinnen, daß ihr euren Mund nicht bändigt, wo — ein Hauch, ein Laut, ein Nichts uns — und das Werk verderben kann.

(zu Orest, in fliegender Eile.) Sie war-tet drin-nen.

f marcato · *fp* · *pp* · *p*

182a

I. / II. III. 3 gr. Fl. · I. Hob. · engl. Horn. · I. II. B-Clar. · I. II. / III. 3 Fag · Contrafag. · I. II. / III. IV. 4 Hörner.(F) · II. III. Pos. · Contrabaßposaune. · I. II.(B) / III. IV.(F) 4 Tuben. · Contrabaßtuba. · I. Pauken. · Der Pfleger · II. III. Br. · alle Celli. · C.-B.

Der Pfleger: Ih-re Mäg-de suchen nach dir. Es ist kein Mann im Haus. O-rest!

(Orest reckt sich auf, seinen Schauder bezwingend.)

p marcato · *p* · *pp*

183a
184a
I. II.
4 B-Clar.
III. IV.
2 Basseth.
Baßcl.(B)
I. II.
3 Fag.
III.
Contrafag.
II. III. Tromp.(B)
Baßtromp.(C)
(II. Tromp. in C.)
I.
3 Pos.
II. III.
Contrabaß-posaune
I. II.(B)
4 Tuben.
III. IV.(F)
Contrabaß-tuba.
I. II.
Viol.
III.
I.
Br.
II. III.
Celli u. C.-B.
185a
kl. Fl.
I.
3 gr. Fl.
II. III.
2 Hob.
engl. Horn.
Heckelphon.
Es-Clar.
I. II. B-Clar.
I. Basseth.
Baßcl.(B)
I. Fag.
Contrafag.
I. II. Tromp.(C)
Contrabaß-posaune.
Contrabaß-tuba.
I. Harfe.
(Die Tür des Hauses erhellt sich.) (Es erscheint eine Dienerin mit einer Fackel,
hinter ihr die Vertraute. Elektra ist zurückgesprungen steht im Dunkel.)
pizz.
arco

(Die Dienerin befestigt die Fackel an einem eisernen Ring im Türpfosten.)
186a
ruhig tranquillo
I. II. gr. Fl.
engl. Horn.
Heckelphon.
I. II. B-Clar.
I. Basseth.
Baßcl. (B)
I. Fag.
Contrafag.
III. IV. Tuben. (F)
(Die Vertraute verneigt sich gegen die beiden Fremden, winkt, ihr hinein zu folgen,
Orest und der Pfleger gehen hinein.
Orest schließt einen Augenblick schwindelnd die Augen.
Der Pfleger ist dicht hinter ihm,
I. II. Viol.
III.
I. Br.
II. III.
alle Celli.
schnell und heftig
vivo violente
187a
2 gr. Fl.
engl. Horn.
Heckelphon.
2. B-Clar.
Baßcl. (B)
I. II. 3 Fag. III.
Contrafag.
2 Tuben. (F)
Contrabaßtuba.
Pauken.
sie tauschen einen schnellen Blick,
die Tür schließt sich hinter ihnen.)
Elektra allein, in entsetzlicher Spannung.
I. II. Viol.
III.
I. Br.
II. III.
I. Celli. II.
I. C.-B. II.
pizz.
arco

a 2
I.II.
3 Fag.
III.
Contrafag.
Contrabaß-tuba.
Sie läuft auf einem Strich vor der Tür hin und her, mit gesenktem Kopf, wie das gefangene Tier im Käfig.)
Celli.
C.-B.
188a
III.Tromp.(D)
Baßtromp.(C)
III.Pos.
kl. Trommel.
Elektra.
(steht plötzlich still)
Ich ha-be ihm das
Beil nicht ge-ben kön-nen!
Sie sind ge - gan-gen
und ich ha-be ihm das

189a
2 Hob.
engl. Horn.
Heckelphon.
I.II.
4 B-Clar.
III.IV.
2 Basseth.
a 2
Baßcl.(B)
I.II.
3 Fag.
III.
Contrafag.
I.III.Horn.(F)
3 Tromp.(C)
(mit Dämpfern) (in C)
Baßtromp.(C)
(mit Dämpfer)
III.Pos.u. Contrabaß-posaune.
(mit Dämpfern)
Contrabaß-tuba.
kl. Trommel.
dim.
189a
Elektra.
Beil nicht geben können.
Es sind keine Göt - - - - - - ter im Himmel!
I.II.
Viol.
III.
I.
Br.
II.
I.
Celli.
II.
I.
C.-B.
II.

190a
3 gr. Fl.
2 Hob.
engl. Horn.
Heckelphon.
a 2
I. II.
3 Fag.
III.
Contrafag.
3 Tromp.(C)
(Dämpfer weg)
Baßtromp.(C)
(Dämpfer weg)
(mit Dämpfern)
3 Pos.
(Dämpfer weg)
(mit Dämpfer)
Contrabaß-
posaune.
(Dämpfer weg)
Contrabaß-
tuba.
Pauken.
kl. Trommel.
190a
pizz.
alle Viol.
pizz.
alle Br.
I.
Celli.
II.
I.
C.-B.
II.
Pauken.
(Abermals ein furchtbares Warten)
arco
alle Br.
I.
Celli.
II.
I.
C.-B.
II.

191a
a 2
marcato
2 Basseth.
marcato
Baßcl.(B)
I. II.
3 Fag.
III.
mf marcato
Contrafag.
Pauken.
arco
alle Viol.
alle Br.
Celli.
C.-B.
192a
I. II.
4 Hörner.(F)
III. IV.
I.II.
3 Tromp.(C)
III.
Baßtromp.(C)
I.II.
3 Pos.
III.
kl.Trommel.
(schreit auf wie ein Dämon)
Elektra.
Triff
noch einmal!
(Von ferne tönt drinnen, gellend, der Schrei Klytämnestra's)

193a
kl. Fl.
I.
3 gr. Fl.
II.III.
2 Hob.
engl. Horn.
Heckelphon.
Es-Clar.
I.II.
4 B-Clar.
III.IV.
2 Basseth.
Baßcl. (B)
3 Fag.
Contrafag.
I.II.
4 Hörner (F)
III.IV.
I.II.
3 Tromp. (C)
III.
Baßtromp. (C)
I.II.
3 Pos.
III.
Contrabaß-posaune.
I.II. (B)
4 Tuben.
III.IV. (F)
Contrabaß-tuba.
I. Pauke.
II. Pauke.
kl. Trommel.
Becken und gr. Trommel.
Tamtam.
alle Viol.
alle Br.
alle Celli.
C.-B.
a 2
a 3
marcatissimo
(mit Holzschlägeln)
cresc.
gr. Tr.
(Von drinnen ein zweiter Schrei)
(geteilt)
193a
(Elektra steht in der Tür, mit dem Rücken

Sehr schnell. M. 𝅗𝅥 = 88
Allegro molto.
194a
kl. Fl.
I. 3 gr. Fl. II. III.
2 Hob.
engl. Horn.
Heckelphon.
Es-Clar.
I. II. 4 B-Clar. III. IV.
2 Basseth.
I. 3 Fag. II. III.
Contrafag.
I. II. 4 Hörner. (F) III. IV.
I. 3 Tromp. (C) II. III.
Baßtromp. (C)
I. II. 3 Pos. III.
Contrabaß-posaune.
I. II. (B) 4 Tuben. III. IV. (F)
Contrabaß-tuba.
I. Pauke.
II. Pauke.
kl. Trommel.
gr. Trommel.
(mit Dämpfern)
(Dämpfer weg)
Chrysoth.
Es muß etwas geschehen sein.
I. Magd.
Sie schreit so aus dem Schlaf.
II. Magd.
Es müssen Männer drin sein.
an die Tür gepreßt)
(Aus dem Wohngebäude links kommen Chrysothemis und eine Schar Dienerinnen heraus.)
alle Viol.
alle Br.
alle Celli.
C-B.

195a
2 Hob.
Es-Clar.
I.II.
4 B-Clar.
III.IV.
2 Basseth.
I.
3 Tromp.(C)
II.III.
Baßtromp.(C)
Becken.
I.Magd.
II.Magd.
III.Magd.
IV.Magd.
6 andere Dienerinnen
alle Viol.
alle Br.
alle Celli.
(mit Holzschlägel)
(mit Dämpfer)
(schreit auf)
Oh!
Seht ihr denn nicht, dort in der
Ich ha-be Män - ner ge - hen hö - ren.
Was ist?
Al-le Tü - ren sind ver-rie-gelt.
Was ist?
Es sind Mör - der, es sind Mör - der im Haus!
Was ist?
196a
3 gr. Fl.
2 Hob.
Es-Clar.
I.II.
4 B-Clar.
III.IV.
2 Basseth.
I.II.
4 Hörner (F)
III.IV.
I.
3 Tromp.(C)
II.III.
Baßtromp. C
3 Pos.
Contrabaß-posaune.
Contrabaß-tuba.
Pauken.
(mit Holzschlägel)
Chrysoth.
Das ist E - lek - tra! Das ist ja E - lek - tra! E - lek - tra, wa - rum sprichst du denn nicht?
I.Magd.
Tür steht einer! E - lek-tra! E - lek - tra! Wa - rum spricht sie denn nicht!
II.Magd.
E - lek-tra! E - lek - tra! Wa - rum spricht sie denn nicht!
III.Magd.
E - lek-tra! E - lek - tra!
IV.Magd.
E - lek-tra! E - lek - tra!
(allein)
Ich will hin-
alle Viol.
alle Br.
alle Celli.

197a
I.
3 gr. Fl.
II. III.
2 Hob.
engl. Horn.
Heckelphon.
Es-Clar.
I. II.
4 B-Clar.
III. IV.
2 Basseth.
Baßcl. (B)
I.
3 Fag.
II. III.
I. III.
4 Hörner. (F)
II. IV.
I. II. Tromp. (C)
I. II.
3 Pos.
III.
Contrabaß-tuba.
Pauken.
(gewöhnlich)
gr. Trommel.
Chrysoth.
Mach uns doch die Tür auf, E-lek-tra! E - lek - - tra!
IV. Magd.
aus, Männer ho-len!
(läuft rechts hinaus)
(zurückkommend)
Zurück!
Ä -
6 Dienerin.
E - lek - - - - -tra, laß uns in's Haus!
alle Viol.
alle Br.
alle Celli.
C.-B.
cresc.

I.
3 gr. Fl.
II. III.
a 2
2 Hob.
engl. Horn.
Heckelphon.
Es-Clar.
I. II.
4 B-Clar.
III. IV.
2 Basseth.
Baßcl. (B)
I.
3 Fag.
II. II.
I. III.
4 Hörner. (F)
II. IV.
I. II. Tromp. (C)
I. II.
3 Pos.
III.
Contrabaß-tuba.
Pauken.
I. II. III. Magd.
A-gisth!
IV. Magd.
gisth! Zu-rück in unsre Kammern, schnell – Ä-gisth kommt durch den Hof. Wenn er uns fin-det, und wenn im
6 Dienerin.
Ä-gisth!
Viertel!
alle Viol.
alle Br.
alle Celli.
C.-B.

198a
I.
3 gr. Fl.
II.III.
a 2
2 Hob.
engl. Horn.
Heckelphon.
Es-Clar.
I.II.
4 B-Clar.
III.IV.
2 Basseth.
Baßcl. (B)
I.
3 Fag.
II.III.
I.III.
4 Hörner. (F)
II.IV.
I.II. Tromp. (C)
I.II.
3 Pos.
III.
Contrabaß-tuba.
Pauken.
gr. Trommel.
Chrysoth
Zurück!
I.II.III. Magd.
Zurück!
(Sie verschwinden im Hause links.)
IV. Magd.
Hau-se was ge-schehen ist, läßt er uns tö-ten!
6 Dienerin.
198a
Viol.
Br.
Celli.
C.-B.

Mäßig (behaglich schlendernd). Moderato commodo. M ♩= 96
199a
2 Hob.
engl. Horn.
Heckelphon.
Es-Clar.
I. II. B-Clar.
2 Basseth.
Baßcl. (B)
I. 3 Fag. II. III.
I. II. 4 Hörner. (F) III. IV.
3 Tromp. (C)
Contrabaß-tuba.
Aegisth.
(Ägisth tritt rechts durch die Hoftür auf.)
(an der Tür stehen bleibend)
He, Lichter! Lichter! Ist Niemand da, zu
I. II. Viol. III.
I. Br. II. III.
alle Celli.
C. B.
pizz.
arco
accelerando
200a
I. II. 3 gr. Fl. III.
dim.
2 Harfen.
leuchten? Rührt sich kei - ner von allen diesen Schuften? Kann das Volk keine Zucht an-nehmen?
(Elektra nimmt die Fackel von dem Ring, läuft hinunter, ihm entgegen und verneigt sich vor ihm.)
(Doppelgriffe)
Celli.
C.-B.

Schnell. M. 𝅗𝅥 = 76
Vivo.
I. Hob.
engl. Horn.
Heckelphon.
I. II. B-Clar.
I.
3 Fag.
II. III.
I. II.
4 Hörner (F)
III. IV.
Contrabaßtuba.
(Ägisth erschrickt vor der wirren Gestalt im zuckenden Licht, weicht zurück.)
Aegisth.
Was ist das für ein un-heim-li-ches Weib? Ich hab ver-bo-ten, daß ein un-be-kann - tes Ge-sicht mir in die
Schnell. Vivo. M. 𝅗𝅥 = 76
I. II.
Viol.
III.
I.
Br.
II. III.
Celli.
C-B.
201a
Mäßig.
Moderato.
202a
2 Basseth.
3 Tromp. (C)
Baßtromp. (C)
2 Harfen.
Elektra.
Darf ich nicht leuchten.
(Erkennt sie) (zornig)
Nä - he kommt! Was, du? Wer — heißt dich mir ent-gegen tre-ten?
4 Soli
2 Pulte

gemächlich M. 𝅗𝅥 = 96
tempo cómmodo
203a
Es-Clar.
I.II. B-Clar.
2 Basseth.
I.
3 Fag.
II.III.
I.II. Horn (F)
Aegisth.
Nun, dich geht die Neu-ig-keit ja doch vor al-len an. Wo find ich die frem-den Män-ner, die das von O-rest uns mel-den?
I.II.
Viol.
III.
4 Soli
(alle)
I.
Br.
II.III.
pizz.
Celli.
C.-B.
etwas ruhig
un poco tranquillo
I. gr. Fl.
I. Hob.
I.II. Fag.
I.II. Horn. (F)
I. Harfe.
Elektra
Drin-nen. Ei-ne lie-be Wir-tin fan-den sie vor und sie er-get-zen sich mit
arco
espr.
p sempre gliss.
Solocello.
die übrigen Celli.

M. 𝅗𝅥 = 112
etwas fließender
un poco scioltamente di più
204a
205a
I. II. gr. Fl.
I. Hob.
Es-Clar.
I. II. B-Clar.
2 Basseth.
Baßcl. (B)
I. 3 Fag. II. III.
Contrafag.
I. Horn. (F)
I. Tromp. (C)
Elektra.
ihr.
Aegisth.
Und mel-den al-so wirk - lich, daß er-ge-stor-ben ist
und mel-den so, daß nicht zu zwei-feln ist?
I. II. Viol. III.
alle Br.
pizz. (geteilt)
arco
Solocello.
die übrigen Celli
wieder etwas gemessener
un poco meno mosso
I. gr. Fl.
I. Hob.
(hervortretend)
I. B-Clar.
I. 3 Fag. II. III.
a 2
I. II. 4 Hörner (F) III. IV.
I. Harfe.
Elektra.
O Herr! Sie mel-den's nicht mit Wor-ten blos, nein, mit leib-haf-tigen Zei - chen, an de-nen auch kein Zwei-fel mög-lich ist.
1. 2. Pult. Celli. 3. 4. Pult.
pizz. I. Celli.
(alle)
pizz. II. Celli.
C-B.

206a
unruhig
inquietamente
I. 3 gr. Fl. II.III.
2 Hob.
engl. Horn.
I.II. B-Clar.
Baßcl.(B)
II. Fag.
I. Harfe.
flageolet
Aegisth.
Was hast du in der Stim-me?
Und was ist in dich ge-fah-ren, daß du nach dem Mund mir redest?
Was taumelst du so-
I.II. Viol. III.
I. allein
Br.
alle
I. Celli. II.
(die Hälfte)
C.-B.
*)Celli und Bäße stets glissando
207a
wieder erstes gemächliches Zeitmaß.
tempo cómmodo da prima
II. Hob.
I.II. B-Clar.
2 Basseth.
Baßcl.(B)
I.II. Fag.
I.II. Horn. (F)
Pauke.
I. Harfe.
Elektra.
Es ist nichts an-de-res, als daß ich end-lich klug ward und zu de- - - nen mich hal - te, die die
Aegisth.
hin und her mit dei-nem Licht?
I.II. Viol. III.
pizz. get. Doppelgriffe
arco
(Doppelgriff)
I. Br. II.III.
I. Celli. II.
(alle)
C.-B.

208a
I.gr.Fl.
I.Hob.
engl. Horn.
I.II.B-Clar.
I.Bassetth.
I. 3 Fag. II.III.
I.II. 4 Hörner.(F) III.IV.
I.Harfe.
Elektra.
Stär - ke-ren sind. Er-laubst du, daß ich vor - an dir leuch - te?
(Indem sie ihn wie in einem
Aegisth.
(etwas zaudernd)
Bis zur Tür. Was
(hervortretend)
Viol. I. II.III.
Br. I. II.III.
alle Celli.
C-B.
pizz.
arco
(Doppelgriff)
gliss.
poco accelerando
209a
I.gr.Fl.
2 Hob.
engl. Horn.
I.II. B-Clar.
2 Basseth.
Baßcl.(B)
I. 3 Fag. II. III.
I.II. 4 Hörner.(F) III.IV.
Pauken.
I.Harfe.
Elektra.
unheimlichen Tanz umkreist, sich plötzlich tief bückend.)
Hier! die Stu - fen, daß du nicht fällst.
Aegisth.
tan-zest du? Gib Ob-acht!
(an der Haustür)
Warum ist hier kein Licht?
Wer sind
poco accelerando
D-Saite.
G-Saite.
C-Saite.
Viol. I. II.III.
Br. I. II.III.
Celli.
C-B.
ohne Solocello.

210a
ritard. a tempo, grazioso
I. Hob.
I. II. B-Clar.
2 Basseth.
I.
3 Fag.
II. III.
I. II. Horn. (F)
I. II. Tromp. (C)
I. Harfe.
210a
Elektra.
Die sinds, die in Person dir auf-zu-war-ten wün-schen, Herr. Und ich, die so
Aegisth.
die dort?
ritard. a tempo grazioso
I. II.
Viol.
III.
I.
Br.
II. III.
Solocello.
pizz.
die übrigen I.
Celli.
II.
C.-B.
211a
I. Hob.
I.
2 Fag.
II
I. II. Horn. (F)
I. Harfe.
211a
Elektra.
oft durch fre-che, un-bescheid-ne Näh' dich stör-te, will nun end-lich ler-nen, mich im rech-ten Au-gen-blick
I. II.
Viol.
III.
I.
Br.
II. III.
Solocello.
die übrigen I.
Celli.
II.
(die Hälfte)
C.-B.

212a
I. Hob.
2 Basseth.
I. II. Fag.
Contrafag.
I. II. Horn (F)
I. Harfe.
glissando
212a (Aegisth geht in's Haus.)
(Stille.)
Elektra.
zu-rück- zu - ziehn.
I. Viol.
II. III.
I. Br.
II.
Solocello
die übrigen
C.-B.
Schnell. (Allegro assai.)
213a M. 𝅗𝅥 = 152
Baßcl. (B)
I. 3 Fag.
II. III.
Contrafag.
I. III. 4 Hörner (F) II. IV.
I. II. 3 Tromp. (C) III.
Baßtromp. (C)
I. II. 3 Pos. III.
Contrabaß-posaune.
Pauken.
(Lärm drinnen)
213a (schreiend)
(Aegisth erscheint an einem kleinen Fenster, reißt den Vorhang weg.)
Aegisth.
Helft! Mör - der!
Schnell. (Allegro assai.)
M. 𝅗𝅥 = 152
I. II. Viol. III.
alle Br.
1. 2. Pult.
Celli 3. 4. Pult.
5. 6. Pult.
C.-B.

2 Hob.
engl. Horn.
Heckelphon.
Es-Clar.
I. II.
4 B-Clar.
III. IV.
2 Basseth.
Baßcl. (B)
I.
3 Fag.
II. III.
Contrafag.
I. II.
4 Hörner (F)
III. IV.
I. II.
3 Tromp. (C)
III.
Baßtromp. (C)
I. II.
3 Pos.
III.
Contrabaß-posaune.
Contrabaß-tuba.
(I. und II. Spieler zusammen)
4 Pauken.
Aegisth.
Helft dem Her - - - ren! Mör - der; Mör - der! Sie mor - - - den mich!
alle Viol.
I.
Br.
II. III.
alle Celli.
C.-B.

214a
215a
I.
3 gr. Fl.
II.III.
2 Hob.
engl. Horn
Heckelphon
Es-Clar.
I. II.
4 B-Clar.
III. IV.
2 Basseth.
Baßcl. (B)
I.
3 Fag.
II.III.
Contrafag.
I.II.
4 Hörner (F)
III.IV.
I. II.
3 Tromp. (C)
III.
IV.V.
3 Tromp. (B)
VI.
Baßtromp. (C)
I.II.
3 Pos.
III.
Contrabaß-
posaune.
I.II. (B)
4 Tuben.
III. IV. (F)
Contrabaß-
tuba.
I. Pauke.
Aegisth.
Hört mich
alle Viol.
alle Br.
alle Celli.
C.-B.
a 2
in C.

I.
3 gr. Fl.
II. III.
a 2
2 Hob.
engl. Horn.
Heckelphon.
Es-Clar.
I. II.
4 B-Clar.
III. IV.
2 Basseth.
Baßcl. (B)
I.
3 Fag.
II. III.
Contrafag.
I. III.
4 Hörner (F)
II. IV.
I. II.
3 Tromp. (C)
III.
IV. V.
3 Tromp. (C)
VI.
in C. a 3
Baßtromp. (C)
I. II.
3 Pos
III.
Contrabaß-posaune.
I. II. (B)
4 Tuben
III. IV. (F)
Contrabaß-tuba.
Pauken.
gr Trommel.
(Er wird weggezerrt.)
Aegisth.
nie - - - mand? Hört mich nie - - - - - mand?
alle Viol.
I.
Br.
II. III.
Celli.
C.-B.

216a M. 𝅗𝅥 = 84 217a

kl. Fl.

3 gr. Fl. I. II. III.

2 Hob.

engl. Horn.

Heckelphon.

Es-Clar.

4 B-Clar. I. II. III. IV.

2 Basseth.

Baßcl. (B)

3 Fag. I. II. III.

Contrafag.

4 Hörner (F) I. III. II. IV.

3 Tromp. (C) I. II. III.

3 Tromp. (B) IV. V. VI. (in B)

Baßtromp. (C)

3 Pos. I. II. III.

Contrabaßposaune.

4 Tuben I. II. (B) III. IV. (F)

Contrabaßtuba.

Pauken.

Becken. (mit Holzschlägel)

216a (reckt sich auf) 217a

Elektra. A - ga - mem - non hört dich!

Aegisth. (Noch einmal erscheint Aegisths Gesicht am Fenster.) Weh mir! (Er wird fortgerissen.)

M. 𝅗𝅥 = 84

alle Viol.

alle Br.

alle Celli.

C.-B.

218a
accelerando
I.
3 gr Fl.
II. III.
2 Hob.
engl. Horn.
Heckelphon.
Es-Clar.
I. II.
4 B-Clar.
III. IV.
2 Basseth.
Baßcl. (B)
I.
3 Fag.
II. III.
Contrafag.
I. II.
3 Pos
III.
Contrabaß-posaune.
I. II. (B)
4 Tuben.
III. IV. (F)
Contrabaß-tuba.
Pauken.
kl. Trommel.
gr. Trommel.
(muta in V. VI. Horn in E)
(muta in VII. VIII. Horn in E)
cresc.
(Elektra steht, furchtbar atmend, gegen das Haus gekehrt.)
(Die Frauen kommen von links herausgelaufen, Chrysothemis unter ihnen. Wie besinnungslos laufen sie gegen die Hoftür,
218a
accelerando
I. II.
Viol.
III.
I.
Br.
II. III.
Celli.
C.-B.

219a M. 𝅗𝅥 = 96

kl. Fl.

I. II.
3 gr. Fl.
III.

2 Hob.
muta in III. Hoboe

engl. Horn.

Heckelphon.

Es-Clar.

I. II.
4 B-Clar.
III. IV.

2 Basseth.

Baßcl. (B)

I.
3 Fag.
II. III.

Contrafag.

I. II.
4 Hörner (F)
III. IV.

I. II.
3 Tromp. (E)
III.

I. II.
3 Pos.
III.

Contrabaß-posaune.

Pauken.

kl. Trommel.

dort machen sie plötzlich Halt, wenden sich.)

219a M. 𝅗𝅥 = 96

Chrysoth.

E - lek - - - - - - tra, Schwe - - - - - - ster!

(Doppelgriff)

I. II.
Viol.
III.

I.
Br.
II. III.

Celli.

C.-B.

220a
M. 𝅗𝅥=104 Sehr lebhaft.
molto con anima
kl. Fl.
I. II.
3 gr. Fl.
III.
I. II.
3 Hob.
III.
Heckelphon.
Es-Clar.
I. II.
4 B-Clar.
III. IV.
2 Bassetth.
Baßcl. (B)
I.
3 Fag.
II. III.
Contrafag.
I. III. (F)
II. IV. (F)
8 Hörner
V. VI. (E)
VII. VIII. (E)
I. II. Tromp. (E)
I. II.
3 Pos.
III.
Contrabaß-posaune.
Pauken.
220a
Chrysoth.
Komm mit uns!
O komm mit uns!
Es ist der Bru -
M. 𝅗𝅥=104 Sehr lebhaft.
molto con anima
I. II.
Viol.
III.
I.
Br.
II. III.
I.
Celli.
II.
C.-B.

221a
kl. Fl.
I. II.
3 gr. Fl.
III.
I. II.
3 Hob.
III.
Heckelphon.
Es-Clar.
I. II.
4 B-Clar.
III. IV.
2 Basseth.
I.
3 Fag.
II. III.
I. II. (F)
III. IV. (F)
8 Hörner
V. VI. (E)
VII. VIII. (E)
I. II. Tromp. (E)
I. II.
3 Pos.
III.
Pauken.
221a
Chrysoth.
- der drin im Haus! Es ist O - rest, der es ge - tan hat!
I. II.
Viol.
III.
I.
Br.
II. III.
I.
Celli.
II.
C.-B.

222a
223a
kl. Fl.
I. II.
3 gr. Fl.
III.
I. II.
3 Hob.
III.
Heckelphon.
Es-Clar.
I. II.
4 B-Clar.
III. IV.
2 Basseth.
I.
3 Fag.
II. III.
I. II. (F)
III. IV. (F)
8 Hörner.
V. VI. (E)
VII. VIII. (E)
I.
3 Tromp. (E)
II. III.
I. II. Pos.
III. Pos. u. Contrabaßpos.
Contrabaß-tuba.
Pauken.
(Getümmel im Hause, Stimmengewirr, aus dem sich ab und zu die Rufe des Chors: „Orest" bestimmter abheben.)
Frauen.
(Stimmen hinter der Scene.)
Männer.
(im Hause)
Orest!
O-rest!
Orest!
O - rest!
O - rest!
I. II.
Viol.
III.
I.
Br.
II. III.
I.
Celli.
II.
C.-B.

M. 𝅗𝅥 = 80
224a
kl. Fl.
I. II.
3 gr. Fl.
III.
I. II.
3 Hob.
III.
Heckelphon.
Es-Clar.
I. II.
4 B-Clar.
III. IV.
2 Basseth.
I.
3 Fag.
II. III.
I. II. (F)
III. IV. (F)
8 Hörner.
V. VI. (E)
VII. VIII. (E)
I.
3 Tromp. (E)
II. III.
Baßtromp. (C)
I. II.
3 Pos.
III.
Contrabaßpos.
Contrabaß-tuba.
Pauke.
Triangel.
Chrysoth.
Frauen.
(Chor hinter der Scene.)
Männer.
I. II.
Viol.
III.
I.
Br.
II. III.
alle Celli.
C.-B.
a 2.
Kommt!
Er steht im Vor - saal,
al - le sind um ihn,
(stark)
Orest!
O-rest!
(anschwellen)
O - rest!
M. 𝅗𝅥 = 80

immer lebhafter
sempre più animato

225a

kl. Fl.
I. II. 3 gr. Fl. III.
I. II. 3 Hob. III.
Heckelphon.
Es-Clar.
I. II. 4 B-Clar. III. IV.
2 Basseth.
I. 3 Fag. II. III.
I. II. (F) III. IV. (F) 8 Hörner. V. VI. (E) VII. VIII. (E)
I. 3 Tromp. (E) II. III.
IV. Tromp. (B)
Baßtromp. (C)
I. II. 3 Pos. III.
Contrabaßpos.
Contrabaß-tuba.
Pauken.
Triangel.

(in C)

225a

Chrysoth.: und küssen seine Füße, alle die Aegisth von Herzen haßten, haben sich geworfen auf die andern,

Frauen. (Chor hinter der Scene.) Männer.: Orest! Orest! Orest! Orest!

(Das Kampfgetöse, der tötliche Kampf zwischen den zu Orest haltenden Sklaven und den Angehörigen des Aegisth, hat sich allmählich in die inneren Höfe gezogen, mit denen die Hoftür rechts communiziert.)

immer lebhafter
sempre più animato

I. II. Viol. III.
I. Br. II. III.
Celli.
C.-B.

I. II.
3 gr. Fl.
III.
I. II.
3 Hob.
III.
Heckelphon.
Es-Clar.
I. II.
4 B-Clar.
III. IV.
2 Basseth.
Basscl. (B)
I.
3 Fag.
II. III.
Contrafag.
I. II. (F)
III. IV. (F)
8 Hörner.
V. VI. (E)
VII. VIII. (E)
I. Tromp. (C)
I. II.
3 Pos.
III.
Contrabaß-tuba.
Chrysoth.
ü - berall, in al-len Hö - fen liegen To - te, al - le, die le - - - - ben, sind mit Blut bespritzt
I. II.
Viol.
III.
I.
Br.
II. III.
Celli.
C.-B.
espr.
cresc.
G Saite

226a
I.II.
3 gr. Fl.
III.
I.II.
3 Hob.
III.
Heckelphon.
Es-Clar.
I.II.
4 B-Clar.
III.IV.
2 Basseth.
Bassel.(B)
I.
3 Fag.
II.III.
Contrafag.
I.II.(F)
III.IV.(F)
8 Hörner.
V.VI.(E)
VII.VIII.(E)
I.II.Tromp.(C)
I.II.
3 Pos.
III.
Contrabaßpos.
Pauke.
Becken und gr. Trommel.
Chrysoth.
und haben selbst Wun - den, und doch strah - - len al - le,
Frauen.
(Chor hinter der Scene.)
Männer.
O - rest!
O -
I.II.
Viol.
III.
I.
Br.
II.III.
I.
Celli.
II.
C.-B.

227a
immer bewegter
sempre più animato
kl. Fl.
I.II.
3 gr. Fl.
III.
I.II.
3 Hob.
III.
Heckelphon.
Es-Clar.
I.II.
4 B-Clar.
III.IV.
2 Basseth.
I.
3 Fag.
II.III.
I.II.(F)
III.IV.(F)
8 Hörner.
V.VI.(E)
VII.VIII.(E)
I.II.(C)
3 Tromp.
III.(E)
I.II.
3 Pos.
III.
Contrabaßpos.
Pauken.
Triangel.
kl. Trommel.
Becken und gr. Trommel.
Chrysoth.
al- - - -le um-ar-men sich und jauch- - - - - -zen. Tau-send
Frauen.
(Chor hinter der Scene.)
Männer.
rest!
O - rest!
O-
O - rest!
glissando
I.II.
Viol.
III.
I.
Br.
II.III.
I.
Celli.
II.
C.-B.

M. 𝅗𝅥. =100
228a
kl. Fl.
I. II.
3 gr. Fl.
III.
I. II.
3 Hob.
III.
Heckelphon.
Es-Clar.
I. II.
4 B-Clar.
III. IV.
2 Basseth.
I.
3 Fag.
II. III.
I. II. (F)
III. IV. (F)
8 Hörner.
V. VI. (E)
VII. VIII. (E)
I. II. (C)
3 Tromp.
III. (E)
(in C)
Baßtromp. (C)
I. II.
3 Pos.
III.
Contrabaßpos.
Contrabaß-tuba.
Pauken.
Triangel.
kl. Trommel.
Tamburin.
Becken und gr. Trommel.
Chrysoth.
Fak - keln sind an - - gezün - det. Hörst du nicht?
So hörst
Frauen.
(Chor hinter der Scene.)
Männer.
Orest! O - rest! O - rest! O - rest!
(Draußen wachsender Lärm, der sich jedoch, wenn Elektra beginnt, mehr und mehr nach den äuseren Höfen rechts und im Hintergrunde verzogen hat. Die Frauen sind hinausgelau-
M. 𝅗𝅥. =100
I. II.
Viol.
III.
I.
Br.
II. III.
alle Celli.
C.-B.

etwas breit
un poco slargando
229a
wieder beschleunigen
in tempo come prima
kl. Fl.
I.II.
3 gr. Fl.
III.
I.II.
3 Hob.
III.
Heckelphon.
Es-Clar.
I.II.
4 B-Clar.
III.IV.
2 Bassetth.
I.
3 Fag.
II.III.
I.II. (F)
III.IV. (F)
8 Hörner.
V.VI. (E)
VII.VIII. (E)
I.II.
3 Tromp. (C)
III.
Baßtromp. (C)
I.II.
3 Pos.
III.
Contrabaßpos.
Contrabaß-tuba.
Pauken.
Triangel.
kl. Trommel.
Tamburin.
Chrysoth.
Elektra.
Frauen.
(Chor hinter der Scene.)
Männer.
— du denn nicht?
(auf der Schwelle kauernd)
(etwas breit)
Ob ich nicht hö - - re?
Ob ich die Mu - sik nicht
(schon entfernter) O - rest!
fen. Chrysothemis allein, von draußen fällt Licht herein.)
I.II.
Viol.
III.
I.
Br.
II.III.
Celli.
C-B.

230a
ritard.
M. 𝅗𝅥. = 66
etwas breit
meno mosso
I. II.
3 gr. Fl.
III.
I. II.
3 Hob.
III.
Heckelphon.
Es-Clar.
I. II.
4 B-Clar.
III. IV.
2 Basseth.
Bassel. (B)
I.
3 Fag.
II. III.
I. II. (F)
III. IV. (F)
8 Hörner.
V. VI. (E)
VII. VIII. (E)
I.II. Tromp. (C)
II. III. Pos.
Pauken.
2 Harfen.
Elektra.
hö- - - - -re? Sie kommt doch aus mir. Die Tau- sende, die
I. II.
Viol.
III.
I.
II.
Br.
III.
I.
Celli.
II.
C.-B.

231a
I.
3 gr. Fl.
II. III.
I. II.
3 Hob.
III.
Es-Clar.
2 B-Clar.
2 Basseth.
I.
3 Fag.
II. III.
I. II.
4 Hörner (F)
III. IV.
I. II. Tromp. (C)
Baßtromp. (C)
I. II.
3 Pos.
III.
Pauken.
gr. Trommel.
Elektra.
Fak - keltragen, und deren Trit - te, de - ren u - ferlose Myri - a - - - den Trit - te ü - ber - all die Er - de dumpf
I. II.
Viol.
III.
I.
II.
Br.
III.
I.
Celli.
II.
C. B.

I. II.
3 gr. Fl.
III.
I. II.
3 Hob.
III.
I. II. B-Clar.
2 Basseth.
I. II.
3 Fag.
III.
I.
3 Hörner (F)
III. IV.
I. Tromp. (C)
II. III. Pos.
Pauken.
gr. Trommel.
Elektra.
dröh-nen ma-chen, al- - -le war-ten auf mich: ich weiß doch, daß sie al-le war- - ten,
I. II.
Viol.
III.
I.
Br. II.
III.
I.
Celli.
II.
C-B.
pp espr.
cresc.
I. Pult.
die übrigen I. u. II. pizz.
pizz.
arco

232a (𝅗𝅥=72)
III. gr. Fl.
I. II.
3 Hob.
III.
Heckelphon.
Es-Clar.
I. II.
3 B-Clar.
III.
2 Basseth.
Baßcl. (B)
I.
3 Fag.
II. III.
I. II. (F)
6 Hörner
III. IV. (F)
V. VI. (E)
I. II. Tromp. (C)
I. II.
3 Pos.
III.
(mit Dämpfern)
(mit Dämpfer)
(mit Dämpfer)
Contrabaßpos. (mit Dämpfer)
Contrabaß-tuba.
Pauken.
Glockenspiel.
2 Harfen.
a 2.
232a
Elektra.
weil ich den Rei - - gen füh - ren muß —
und ich kann nicht,
(𝅗𝅥=72)
I. II.
Viol.
III.
1. Pult.
Br. I. u. II. die übrigen.
III.
alle I.
alle II.
arco
I.
Celli.
II.
C-B.

233a
allmählich wieder bewegter
poco a poco più mosso
I. II.
3 gr. Fl.
III.
I. II.
3 Hob.
III.
Heckelphon.
I. II.
4 B-Clar.
III. IV.
2 Basseth.
Baßcl. (B)
I.
3 Fag.
II. III.
Contrafag.
I. II.
4 Hörner (F)
III. IV.
I. II. (mit Dämpfern)
3 Pos.
III. (mit Dämpfer)
Contrabaßpos. (mit Dämpfer)
Contrabaß-tuba.
Pauken.
(mit Paukenschlägeln)
gr. Trommel.
(Dämpfer weg)
(Dämpfer weg)
(Dämpfer weg)
233a
Elektra.
der O - - - - ze - an, der un - ge - heu - - - - re, der zwan - - zig - fa - che O - - - -
allmählich wieder bewegter
poco a poco più mosso
I.
Viol. II.
III.
I.
alle Br. II.
III.
I.
Celli.
II.
C.-B.

234a
a 2.
I.II.
3 gr.Fl.
III.
I.II.
3 Hob.
III.
Heckelphon.
I.II.
4 B-Clar.
III.IV.
2 Basseth.
Baßcl.(B)
I.
3 Fag.
II.III.
Contrafag.
I.II.
4 Hörner(F)
III.IV.
I.II.
3 Pos.u.
III.
Contrabaßpos.
Contrabaß-tuba.
Pauken.
gr.Trommel.
234a
Elektra.
-ze- an be- -gräbt mir je- -des Glied mit sei- -ner Wucht, ich kann mich nicht
I.
Viol. II.
III.
muta in IV. Violinen.
I.
alle Br. II.
III.
I.
Celli.
II.
C.-B.

235a
immer mehr beschleunigen
sempre più animato
acceler.
I.II.
3 gr.Fl.
III.
I.II.
3 Hob.
III.
Heckelphon.
Es-Clar.
I.II.
4 B-Clar.
III.IV.
2 Basseth.
I.
3 Fag.
II.III.
I.II. (F)
III.IV. (F)
8 Hörner
V. VI.(E)
VII.VIII.(E)
I.II.
3 Tromp.(C)
III.
IV V.Tromp.(C)
Baßtromp.(C)
I.II.Pos.
Pauken.
235a
(fast schreiend vor Erregung)
Chrysoth.
Hörst du denn nicht? Sie tra-gen ihn, sie tra-gen ihn auf ih-ren Hän-den!
Elektra.
he-ben.
(springt auf)
immer mehr beschleunigen
sempre più animato
acceler.
I.II.
Viol.
III.IV.
II.III.Br.
I.
Celli.
II.
C.-B.
pizz.

236a M. 𝅗𝅥. = 80
Sehr bewegt und schwungvoll.
molto mosso con slancio.

kl.Fl.
I.II. 3 gr.Fl. III.
I.II. 3 Hob. III.
Heckelphon.
Es-Clar.
I.II. 4 B-Clar. III.IV.
2 Basseth.
I. 3 Fag. II.III.
I.II. (F) III.IV.(F) 8 Hörner V.VI.(E) VII.VIII.(E)
I.II. 3 Tromp.(C) III.
IV.V. 3 Tromp.(C) VI.
Baßtromp.(C)
I.II. 3 Pos. III.
Contrabaßpos.
Contrabaß-tuba.
Pauke.

236a
(vor sich hin, ohne auf Chrysothemis zu achten)
Elektra. Wir sind bei den Göt-tern, wir Voll-brin-gen-den.

M. 𝅗𝅥. = 80
Sehr bewegt und schwungvoll.
molto mosso con slancio.

I.II. Viol. III.IV.
II.III. Br.
I. Celli. II.
C.-B.

237a
238a
kl.Fl.
I.II.
3 gr.Fl.
III.
3 Hob.
Heckelphon.
I.II.
4 B-Clar.
III.IV.
2 Basseth.
I.
3 Fag.
II.III.
I.II. (F)
III.IV. (F)
8 Hörner
V.VI. (E)
VII.VIII.(E)
I.II.
3 Tromp.(C)
III.
IV.V.
3 Tromp.(C)
VI.
Baßtromp.(C)
I.II.
3 Pos.
III.
Contrabaßpos.
Contrabaß-tuba.
Pauken.
Becken.
2 Harfen.
Chrysoth.
Elektra.
I.II.
Viol.
III.IV.
II.III. Br.
I.
Celli.
II.
C.-B.
a 2.
dim.
cresc.
espr.
pp (weich)
(begeistert)
(geteilt)
(zusammen)
pizz.
arco
Al - len sind die Ge-sich-ter verwan-delt. Al - len schimmern die Au - gen und die
Sie fah - ren da-hin wie die Schär-fe des Schwerts durch uns, die Göt - ter, a-ber ih-re Herr-

239a
kl. Fl.
I. II. gr. Fl.
I. Hob.
Es-Clar.
I. II.
4 B-Clar.
III. IV.
Baßcl. (B)
I. II.
3 Fag.
III.
Contrafag.
I. II. (F)
6 Hörner
III. IV. (F)
V. VI. (E)
I. II. Tromp. (C)
I. II.
3 Pos.
III.
Contrabaßpos.
Pauken.
Glockenspiel.
2 Harfen.
Chrysoth.
al - ten Wan-gen vor Trä - nen. Al - - - - le wei - nen Hörst du's nicht?
Elektra.
- lich-keit ist nicht zu viel für uns! Ich ha-be Fin - ster-nis ge - sät und ern - te
I. II.
Viol.
III. IV.
II. III. Br.
I.
Celli.
II.
C.-B.

240a
a 2.
I. II.
3 gr. Fl.
III.
I.
3 Hob.
II. III.
Heckelphon.
Es-Clar.
I. II.
4 B-Clar.
III. IV.
2 Basseth.
Baßcl.(B)
I. II. Fag.
Contrafag.
I. II. (F)
6 Hörner
III. IV. (F)
V. VI. (E)
I. II. Tromp. (C)
(sehr gebunden)
II. III. Pos.
Pauken
2 Harfen.
240a
Chrysoth.
Gut sind die Göt - ter, gut! Es fängt ein Le - - ben für dich und mich
Elektra.
Lust ü - ber Lust. Ich war ein schwarzer Leichnam unter Le - benden, und die - se Stun - de bin ich das Feu - er des
I. II.
Viol.
III. IV.
II. III. Br.
I.
Celli.
II.
C.-B.

241a

(sehr getragen)

I. II. 3 gr. Fl. III.

I. 3 Hob. II. III.

Heckelphon.

Es-Clar.

I. II. 4 B-Clar. III. IV.

2 Basseth.

Baßcl. (B)

I. 3 Fag. II. III.

I. II. (F) III. IV. (F) 8 Hörner V. VI. (E) VII. VIII. (Es)

(in Es)

I. II. Tromp. (C)

I. II. 3 Pos. III.

pp (weich)

Contrabaß-tuba.

Pauken. (mit Holzschlägeln)

Becken. (mit Holzschlägel)

2 Harfen.

Chrysoth. und al - le Men - schen an. Die ü - - ber - schwänglich gu - ten Göt - ter sind, die das ge - ge - ben

Elektra. Le - bens, und meine Flamme ver - brennt die Fin - - - - - ster - nis der Welt. Mein Ge -

I. II. Viol. III. IV.

II. III. Br. pizz. arco

I. Celli. II. (Doppelgriffe) pizz. arco

C.-B. arco

242a
allmählich immer fließender
poco a poco sempre scioltamente di più
I. II.
3 gr. Fl.
III.
I.
3 Hob.
II. III.
Heckelphon.
I. II.
4 B-Clar.
III. IV.
2 Basseth.
Baßcl. (B)
I.
3 Fag.
II. III.
I. II. (F)
III. IV. (F)
8 Hörner.
V. VI. (E)
VII. VIII. (Es)
I. II. Tromp. (C)
I. II.
3 Pos.
III.
Contrabaß-tuba.
I.
2 Pauker.
II.
2 Harfen.
Chrysoth.
Elektra.
I. II.
Viol.
III. IV.
II. III. Br.
I.
Celli.
II.
C.-B.
a 2
cresc.
espr.
(in E)
(geteilt)
ha - ben.
Wer hat uns je ge - liebt?
sicht muß wei - ßer sein als das weiß-glühende Ge - sicht des Monds.
Wenn ei - ner auf

243a
acceler.
I.
3 gr. Fl.
II. III.
I. Hob.
Heckelphon.
I. II.
4 B-Clar.
III. IV.
2 Basseth.
Baßcl. (B)
I.
3 Fag.
II. III.
Contrafag.
I. II. (F)
6 Hörner.
III. IV. (F)
V. VI. (E)
I. II. Tromp. (C)
I. II.
3 Pos.
III.
Contrabaß-tuba.
Chrysoth.
Elektra.
Wer hat uns
mich sieht, muß er den Tod empfan-gen
o - der muß ver - gehn vor Lust.
I. II.
Viol.
III. IV.
II. III. Br.
I.
Celli.
II.
C.-B.
pizz.
arco
(die Hälfte)
(alle geteilt)

244a M. 𝅗𝅥. = 88
äußerst lebhaft
Allegro molto.
kl. Fl.
I.
3 gr. Fl.
II. III.
I.
3 Hob.
II. III.
Heckelphon.
Es-Clar.
I. II.
4 B-Clar.
III. IV.
2 Basseth.
Baßcl. (B)
I.
3 Fag.
II. III.
I. II. (F)
III. IV. (F)
8 Hörner.
V. VI. (E)
VII. VIII. (E)
I.
3 Tromp. (C)
II. III.
Baßtromp. (C)
I. II.
3 Pos.
III.
Contrabaß-pos.
Pauken.
Becken.
Glockenspiel.
(mit Holzschlägel)
(in E)
244a
Chrysoth.
je ge - liebt?
Elektra.
Seht ihr denn mein Gesicht?
Seht ihr das Licht,
das von mir
M. 𝅗𝅥. = 88
äußerst lebhaft
Allegro molto.
I. II.
Viol.
III. IV.
II. III. Br.
(Doppelgriff)
I.
Celli.
II.
C.-B.

245a
kl. Fl.
3 gr. Fl.
3 Hob.
Heckelphon.
Es-Clar.
4 B-Clar.
2 Bassetth.
3 Fag.
8 Hörner.
I Tromp. (C)
Baßtromp. (C)
3 Pos.
Contrabaß-pos.
Pauken.
Becken.
Triangel.
Glockenspiel.
2 Harfen und Celesta (ad libitum)
legato
Chrysoth.
Nun ist der Bruder da und Liebe fließt über uns wie Oel und Myrrhen. Liebe ist alles, wer kann
Elektra.
aus - geht?
Viol.
II. III. Br.
Celli.
C.-B.

246a
immer lebhafter
sempre più allegro
I. II. gr. Fl.
I.
3 Hob.
II. III.
Es-Clar.
I. II.
4 B-Clar.
III. IV.
2 Basseth.
Baßcl. (B)
(hervortretend)
I.
3 Fag.
II. III.
Contrafag.
I. II. (F)
III. IV. (F)
8 Hörner.
V. VI. (E)
VII. VIII. (E)
I.
3 Pos.
II. III.
Contrabaß-tuba.
Pauken.
Triangel.
2 Harfen (und Celesta)
246a
Chrysoth.
le - ben ohne Lie - - - - be?
Elektra.
(feurig)
Ai! Lie - be tö - - - - - - - tet, a - ber kei - - ner fährt da - hin und hat die
immer lebhafter
sempre più allegro
I. II.
Viol.
III. IV.
II. III. Br.
I.
Celli.
II.
C.-B.

(𝅗𝅥. = 92)

ritard.

247a M. 𝅗𝅥. = 66 etwas breit und wuchtig
meno mosso e pesante

I. II.
3 gr. Fl.
III.

I.
3 Hob.
II. III.

Heckelphon.

Es-Clar.

I. II.
4 B-Clar.
III. IV.

2 Basseth.

Baßcl. (B)

I.
3 Fag.
II. III.

Contrafag.

I. II. (F)
III. IV. (F)
8 Hörner.
V. VI. (E)
VII. VIII. (E)

I. II.
4 Tromp. (C)
III. IV.

I.
3 Pos.
II. III.

Contrabaß-pos.

Pauken.

Triangel.

Becken. (mit Holzschlägel)

gr. Trommel.

2 Harfen (ohne Celesta)

(von hier ab womöglich noch zu verdoppeln bis zum Schluss)

Chrysoth: E - lek - - - - - - - tra, ich muß bei mei - nem Bru - - der stehn!

247a (Sie läuft hinaus.)

Elektra: Lie - - - - - - - - - - - be nicht ge - kannt!

Elektra schreitet von der

(𝅗𝅥. = 92)

ritard.

M. 𝅗𝅥. = 66 etwas breit und wuchtig
meno mosso e pesante

I. II.
Viol.
III. IV.

II. III. Br.

I.
Celli.
II.

C.-B.

I. II.
3 gr. Fl.
III.
I. II.
3 Hob.
III.
Heckelphon.
Es-Clar.
I. II.
4 B-Clar.
III. IV.
2 Basseth.
I.
3 Fag.
II. III.
Contrafag.
I. II. (F)
III. IV. (F)
8 Hörner.
V. VI. (E)
VII. VIII. (E)
II. III. Tromp. (C)
Baßtromp. (C)
II. III. Pos.
Contrabaß-tuba.
I.
2 Pauker.
II.
Becken.
gr. Trommel.
2 Harfen.
I. II.
Viol.
III. IV.
II. III. Br.
I.
Celli.
II.
C.-B.
a 2
cresc.
(mit Holzschlägel)
(Doppelgriff)
pizz.
arco
Schwelle herunter. Sie hat den Kopf zurückgeworfen wie eine Mänade. Sie wirft die Kniee, sie reckt die Arme aus: es ist ein namenloser Tanz, in welchem sie

248a
a 2
I. II.
3 gr. Fl.
III
I. II.
3 Hob.
III.
Heckelphon.
Es-Clar.
I. II.
4 B-Clar.
III. IV.
2 Basseth.
Baßcl. (B)
I.
3 Fag.
II. III.
Contrafag.
I. II. (F)
III. IV. (F)
8 Hörner.
V. VI. (E)
VII. VIII. (E)
(weich)
I. II.
4 Tromp. (C)
III. IV.
Baßtromp. (C)
I.
3 Pos.
II. III.
Contrabaß-pos.
Contrabaß-tuba.
I.
2 Pauker.
II.
cresc.
Becken.
gr. Trommel.
2 Harfen.
nach vorwärts schreitet.)
248a
I. II.
Viol.
III. IV.
(geteilt)
II. III. Br.
(Doppelgriffe)
I.
Celli.
II.
(Doppelgriffe)
pizz.
arco
C.-B.

249a
I. II.
3 gr. Fl.
III.
a 2
I. II.
3 Hob.
III.
Heckelphon.
Es-Clar.
I. II.
4 B-Clar.
III. IV.
2 Basseth.
Baßcl. (B)
I.
3 Fag.
II. III.
Contrafag.
I. II. (F)
III. IV. (F)
8 Hörner.
V. VI. (E)
VII. VIII. (E)
I. II.
4 Tromp. (C)
III. IV.
Baßtromp. (C)
I.
3 Pos.
II. III.
Contrabaß-pos.
Contrabaß-tuba.
I.
2 Pauker.
II.
cresc.
2 Harfen.
249a
I. II.
Viol.
III. IV.
II. III. Br.
I.
Celli.
II.
C.-B.

a 2
I. II.
3 gr. Fl.
III.
I. II.
3 Hob.
III.
Heckelphon.
Es-Clar.
I. II.
4 B-Clar.
III. IV.
2 Basseth.
Baßcl. (B)
I.
3 Fag.
II. III.
Contrafag.
I. II. (F)
6 Hörner
III. IV. (F)
V. VI. (E)
II. III. Tromp. (C)
I. II. Pos.
Contrabaß-tuba.
Pauken.
Triangel.
2 Harfen.
I. II.
Viol.
III. IV.
Br. II. III.
I.
Celli
II.
C.-B.
espr.
cresc.

250a
251a
I. II.
3 gr. Fl.
III.
I. II.
3 Hob.
III.
Heckelphon.
Es-Clar.
I. II.
4 B-Clar.
III. IV.
2 Basseth.
Baßcl. (B)
I.
3 Fag.
II. III.
Contrafag.
I. II. (F)
III. IV. (F)
8 Hörner
V. VI. (E)
VII. VIII. (E)
II. III. Tromp. (C)
Baßtromp. (C)
I. II.
3 Pos.
III.
Contrabaß-tuba.
I.
2 Pauker
II.
Triangel
gr. Trommel.
2 Harfen.
I. II.
Viol.
III. IV.
Br. II. III.
I.
Celli.
II.
C.-B.
(schleifen)

immer fließender
sempre più mosso
252a
kl. Fl.
3 gr Fl.
3 Hob.
Heckelphon.
Es-Clar.
4 B-Clar.
2 Basseth.
Baßcl. (B)
3 Fag.
Contrafag.
8 Hörner.
3 Tromp. (C)
IV. Tromp. (C)
Baßtromp. (C)
3 Pos.
Contrabaß-posaune.
Contrabaß-tuba.
2 Pauker
gr. Trommel.
2 Harfen.
Viol.
Br.
(dreifach)
Celli.
C.B.
cresc.
pizz.

bereits sehr lebhaft
animato assai
253a
kl. Fl.
3 gr. Fl.
I. II.
3 Hob.
III.
Heckelphon.
Es-Clar.
I. II.
4 B-Clar.
III. IV.
2 Basseth.
Baßcl. (B)
I.
3 Fag.
II. III.
Contrafag.
I. II. (F)
III. IV. (F)
8 Hörner.
V. VI. (E)
VII. VIII. (E)
I. II.
3 Tromp. (C)
III.
IV. V.
3 Tromp. (C)
VI.
Baßtromp. (C)
I.
3 Pos.
II. III.
Contrabaß-posaune.
Contrabaß-tuba.
I.
2 Pauker
II.
Tamburin.
Becken u. gr. Trommel.
Beck.
gr. Tr.
2 Harfen.
bereits sehr lebhaft
animato assai
253a
I. II.
Viol.
III. IV.
arco
Br. II. III.
I.
Celli.
II.
C:B.

254a
kl Fl.
3 gr. Fl.
I. II. 3 Hob. III.
Heckelphon.
Es-Clar.
I. II. 4 B-Clar. III. IV.
2 Basseth.
Baßcl. (B)
3 Fag.
Contrafag.
I. II. (F) III. IV. (F) 8 Hörner V. VI. (E) VII. VIII. (E)
I. II. 3 Tromp. (C) III.
IV. V. 3 Tromp. (C) VI.
Baßtromp. (C)
I. 3 Pos. II. III.
Contrabaß-posaune.
Contrabaß-tuba.
I. 2 Pauker. II.
Triangel.
Tamburin.
Becken u. gr. Trommel.
Beck. (mit Holzschlägel)
gr. Tr.
2 Harfen.
legato
Chrysoth.
(Chrysothemis erscheint wieder an der Tür, hinter ihr Fackeln, Gedräng, Gesichter von Männern und Frauen.)
E - lek -
I. II. Viol. III. IV.
Br. II. III.
I. Celli. II.
C.-B.

255a
3 gr. Fl.
I. II. 3 Hob. III.
Heckelphon.
Es-Clar.
I. II. 4 B-Clar. III. IV.
2 Basseth.
Baßcl. (B)
3 Fag.
Contrafag.
I. II. (F) III. IV. (F) 8 Hörner V. VI. (E) VII. VIII. (E)
I. II. 3 Tromp. (C) III.
IV. V. 3 Tromp. (C) VI.
Baßtromp. (C)
I. 3 Pos. II. III.
Contrabaß-posaune.
I. Pauke
gr. Trommel.
2 Harfen.
255a
Chrysoth.
-tra!
(Elektra bleibt stehen, sieht starr auf sie hin)
Elektra.
Schweig und tan- - - - -ze!
I II Viol. III IV
Br. I. II. III.
I. Celli. II.
C.-B.
(leicht)
cresc.

256a
immer fließender
sempre più scioltamente
3 gr. Fl.
I. II.
3 Hob.
III.
Heckelphon.
Es-Clar.
I. II.
4 B-Clar.
III. IV.
2 Basseth.
Baßcl. (B)
I.
3 Fag.
II. III.
I. II. (F)
III. IV. (F)
8 Hörner
V. VI. (E)
VII. VIII. (E)
I. II. Tromp. C
I.
3 Pos.
II. III.
Pauken.
2 Harfen.
Elektra.
Al - le müssen her - bei!
Hier schließt euch an!
Ich
immer fließender
sempre più scioltamente
I. II.
Viol.
III. IV.
Br. II. III.
I.
Celli.
II.
C.-B.
pizz
arco
molto espr.
cresc.

257a

kl. Fl.
I. II.
3 gr. Fl.
III.
I.
3 Hob.
II. III.
Heckelphon.
Es-Clar.
I. II.
4 B-Clar.
III. IV.
2 Basseth.
Baßcl. (B)
I.
3 Fag.
II. III.
Contrafag.
I. II.
4 Hörner (F)
III. IV.
I. II.
3 Pos.
III.
Pauken.
Triangel.
2 Harfen

257a

Elektra.

tra - - ge die Last — des Glük - - - - kes, und ich tan - - - - - ze vor euch her. Wer

I. II.
Viol.
III. IV.
Br. II. III.
I.
Celli.
II.
C.-B.

kl. Fl.
I.
3 gr. Fl.
II. III.
I.
3 Hob.
II. III.
Heckelphon.
Es-Clar.
I. II.
4 B-Clar.
III. IV.
2 Basseth.
Baßcl. (B)
I.
3 Fag.
II. III.
Contrafag.
I. II. (F)
III. IV. (F)
8 Hörner.
V. VI. (E)
VII. VIII. (E)
I. II
3 Tromp. (C)
III.
I. II.
3 Pos.
III.
Contrabaß-posaune.
Pauken.
Triangel.
Becken.
(mit Holzschlägel)
2 Harfen
258a
Elektra.
glück-lich ist, wie wir, dem ziemt nur eins: schwei - gen und tan -
I. II.
Viol.
III. IV.
Br. II. III.
I.
Celli.
II.
C.-B.

259a
kl. Fl.
3 gr Fl
I. II.
3 Hob.
III.
Heckelphon.
Es-Clar.
I. II.
4 B-Clar.
III. IV.
2 Basseth.
Baßcl. (B)
3 Fag.
Contrafag.
I. II. (F)
III. IV. (F)
8 Hörner
V. VI. (E)
VII. VIII. (E)
I.
3 Tromp. (C)
II. III.
IV. V.
3 Tromp. (C)
VI.
Baßtromp. (C)
I. II.
3 Pos.
III.
Contrabaß-posaune.
Contrabaß-tuba.
I.
2 Pauker
II.
Triangel.
Tamburin.
2 Harfen.
259a
Elektra.
- - zen... Sie tut noch einige Schritte des angespanntesten Triumphes —
I. II.
Viol.
III. IV.
Br. II. III.
I.
Celli.
II.
C.-B.

260 a
accelerando
♩= ♩. des 6/4
sehr schnell M. ♩=108
Allegro molto
kl. Fl.
3 gr. Fl.
I. II.
3. Hob.
III.
Heckelphon.
Es-Clar.
I. II.
4 B-Clar.
III. IV.
2 Basseth.
Baßcl. (B)
3 Fag.
Contrafag.
I. II. (F)
III. IV. (F)
8 Hörner
V. VI. (E)
VII. VIII. (E)
(muta in B-Tuben)
(muta in F-Tuben)
I.
3 Tromp. (C)
II. III.
IV. V.
3 Tromp. (C)
VI.
Baßtromp. (C)
I. II.
3 Pos.
III.
Contrabaß-posaune.
Contrabaß-tuba.
I.
2 Pauker
II.
Triangel.
Tamburin.
Becken u. gr. Trommel.
(gewöhnlich)
Tamtam.
(gerieben mit Triangelschlägel, so daß ein furchtbares Sausen erzeugt wird)
2 Harfen.
I. II.
Viol.
III. IV.
Br. II. III.
Celli.
C.-B.

kl. Fl.
3 gr. Fl.
3 Hob.
Heckelphon.
Es-Clar.
I. II.
4 B-Clar.
III. IV.
2 Basseth.
3 Fag.
Contrafag.
I. II.
4 Hörner (F)
III. IV.
I.
3 Tromp. (C)
II. III.
3 Tromp. (C)
Baßtromp. (C)
I.
3 Pos.
II. III.
2 Pauker.
kl. Trommel.
Tamtam.
immer stärker
Becken.
(mit Holzschlägel)
I. II.
Viol.
III. IV.
Br. II. III.
Celli
C.-B.

261a
(𝅗𝅥 = 92)
3 gr Fl
I.
3. Hob
II. III.
Heckelphon.
Es-Clar.
I. II.
4 B-Clar.
III. IV.
2 Basseth.
Baßcl. (B)
3 Fag.
Contrafag.
I. II.
4 Hörner (F)
III. IV.
IV.
3 Tromp. (C)
V. VI.
I.
3 Tromp (C)
II. III.
Baßtromp. (C)
I.
3 Pos.
II. III.
Contrabaß-posaune.
I. II. (B)
4 Tuben.
III. IV. (F)
Contrabaß-tuba.
I. Pauker.
gr. Trommel.
Tamtam.
(gewöhnlich)
Elektra stürzt zusammen
Chrysothemis zu ihr.
Elektra liegt starr.
Chrysothemis läuft an die Tür des Hauses,
I. II.
Viol.
III. IV.
Br. II III
Celli
C.-B.

262a
allmählich breiter
allargando a poco
ritard. molto
langsam
lento M. 𝅗𝅥 = 80
I.
2 gr. Fl.
II. III.
I.
3 Hob.
II. III.
Heckelphon.
Es-Clar.
I. II.
4 B-Clar.
III. IV.
2 Basseth.
Baßcl. (B)
I. II.
3 Fag.
III.
Contrafag.
I. II.
4 Hörner (F)
III. IV.
I.
3 Tromp. (C)
II. III.
IV. V.
3 Tromp (C)
VI.
Baßtromp. (C)
I.
3 Pos.
II. III.
Contrabaß-posaune.
I. II. (B)
4 Tuben.
III. IV. (F)
Contrabaß-tuba.
I.
2 Pauker
II.
Becken u. gr. Trommel.
Tamtam.
Beck.
gr. Tr.
molto cresc.
dim.
a 2
schlägt daran.)
262a
Chrysoth.
O - rest!
O rest!
(Stille)
(Vorhang)
I. II.
Viol.
III. IV.
Br. II. III.
Celli.
C.-B.
Garmisch, den 22. September, 1908.

Dover Opera, Choral and Lieder Scores

Dover Opera, Choral and Lieder Scores

LOHENGRIN IN FULL SCORE, Richard Wagner. Wagner's most accessible opera. Reproduced from first engraved edition (Breitkopf & Härtel, 1887). 295pp. 9⅜ × 12¼. 24335-4 Pa. **$15.95**

TANNHAUSER IN FULL SCORE, Richard Wagner. Reproduces the original 1845 full orchestral and vocal score as slightly amended in 1847. Included is the ballet music for Act I written for the 1861 Paris production. 576pp. 8⅜ × 11¼. 24649-3 Pa. **$16.95**

TRISTAN UND ISOLDE, Richard Wagner. Full orchestral score with complete instrumentation. Study score. 655pp. 8⅛ × 11. 22915-7 Pa. **$18.95**

PARSIFAL IN FULL SCORE, Richard Wagner. Composer's deeply personal treatment of the legend of the Holy Grail, renowned for splendid music, glowing orchestration. C. F. Peters edition. 592pp. 8⅛ × 11. 25175-6 Pa. **$17.95**

THE FLYING DUTCHMAN IN FULL SCORE, Richard Wagner. Great early masterpiece reproduced directly from limited Weingartner edition (1896), incorporating Wagner's revisions. Text, stage directions in English, German, Italian. 432pp. 9⅜ × 12¼. 25629-4 Pa. **$16.95**

BORIS GODUNOV IN FULL SCORE (Rimsky-Korsakov Version), Modest Petrovich Moussorgsky. Russian operatic masterwork in most recorded, performed version. Authoritative Moscow edition. 784pp. 8⅜ × 11¼. 25321-X Pa. **$24.95**

PELLÉAS ET MÉLISANDE IN FULL SCORE, Claude Debussy. Reprinted from the E. Fromont (1904) edition, this volume faithfully reproduces the full orchestral-vocal score of Debussy's sole and enduring opera masterpiece. 416pp. 9 × 12. 24825-9 Pa. **$15.95**

SALOME IN FULL SCORE, Richard Strauss. Atmospheric color predominates in basic 20th-century work. Definitive Fürstner score, now extremely rare. 352pp. 9⅜ × 12¼. (USO) 24208-0 Pa. **$14.95**

DER ROSENKAVALIER IN FULL SCORE, Richard Strauss. First inexpensive edition of great operatic masterpiece, reprinted complete and unabridged from rare, limited Fürstner edition (1910) approved by Strauss. 528pp. 9⅜ × 12¼. (USO) 25498-4 Pa. **$19.95**

DER ROSENKAVALIER: VOCAL SCORE, Richard Strauss. Inexpensive edition reprinted directly from original Fürstner (1911) edition of vocal score. Verbal text, vocal line and piano "reduction." 448pp. 8⅜ × 11¼. (USO) 25501-8 Pa. **$13.95**

THE MERRY WIDOW: Complete Score for Piano and Voice in English, Franz Lehar. Complete score for piano and voice, reprinted directly from the first English translation (1907) published by Chappell & Co., London. 224pp. 8⅜ × 11¼. (USO) 24514-4 Pa. **$9.95**

THE AUTHENTIC GILBERT & SULLIVAN SONGBOOK, W. S. Gilbert, A. S. Sullivan. 92 songs, uncut, original keys, in piano renderings approved by Sullivan. 399pp. 9 × 12. 23482-7 Pa. **$14.95**

MADRIGALS: BOOK IV & V, Claudio Monteverdi. 39 finest madrigals with new English line-for-line literal translations of the poems facing the Italian text. 256pp. 8⅛ × 11. (USO) 25102-0 Pa. **$11.95**

COMPLETE SONG CYCLES, Franz Schubert. Complete piano, vocal music of *Die Schöne Müllerin, Die Winterreise, Schwanengesang.* Also Drinker English singing translations. Breitkopf & Härtel edition. 217pp. 9⅜ × 12¼. 22649-1 Pa. **$9.95**

SCHUBERT'S SONGS TO TEXTS BY GOETHE, Franz Schubert. Only one-volume edition of Schubert's Goethe songs from authoritative Breitkopf & Härtel edition, plus all revised versions. New prose translation of poems. 84 songs. 256pp. 9⅜ × 12¼. 23752-4 Pa. **$11.95**

59 FAVORITE SONGS, Franz Schubert. "Der Wanderer," "Ave Maria," "Hark, Hark, the Lark," and 56 other masterpieces of lieder reproduced from the Breitkopf & Härtel edition. 256pp. 9⅜ × 12¼. 24849-6 Pa. **$9.95**

SONGS FOR SOLO VOICE AND PIANO, Ludwig van Beethoven. 71 lieder, including "Adelaide," "Wonne der Wehmuth," "Die ehre Gottes aus der Natur," and famous cycle *An die ferne Geliebta.* Breitkopf & Härtel edition. 192pp. 9 × 12. 25125-X Pa. **$8.95**

SELECTED SONGS FOR SOLO VOICE AND PIANO, Robert Schumann. Over 100 of Schumann's greatest lieder, set to poems by Heine, Goethe, Byron, others. Breitkopf & Härtel edition. 248pp. 9⅜ × 12¼. 24202-1 Pa. **$10.95**

THIRTY SONGS, Franz Liszt. Selection of extremely worthwhile though not widely-known songs. Texts in French, German, and Italian, all with English translations. Piano, high voice. 144pp. 9 × 12. 23197-6 Pa. **$7.95**

OFFENBACH'S SONGS FROM THE GREAT OPERETTAS, Jacques Offenbach. Piano, vocal (French text) for 38 most popular songs: *Orphée, Belle Hélène, Vie Parisienne, Duchesse de Gérolstein,* others. 21 illustrations. 195pp. 9 × 12. 23341-3 Pa. **$9.95**

SONGS, 1880–1904, Claude Debussy. Rich selection of 36 songs set to texts by Verlaine, Baudelaire, Pierre Louys, Charles d'Orleans, others. 175pp. 9 × 12. 24131-9 Pa. **$7.95**

THE COMPLETE MÖRIKE SONGS, Hugo Wolf. Splendid settings of 53 poems by Eduard Mörike. "Der Tambour," "Elfenlied," "Verborganheit," 50 more. New prose translations. 208pp. 9⅜ × 12¼. 24380-X Pa. **$9.95**

SPANISH AND ITALIAN SONGBOOKS, Hugo Wolf. Total of 90 songs by great 19th-century master of the genre. Reprint of authoritative C. F. Peters edition. New Translations of German texts. 256pp. 9⅜ × 12¼. 26156-5 Pa. **$11.95**

FIFTY ART SONGS BY NINETEENTH-CENTURY MASTERS, edited by Henry Finck. 50 great, favorite lieder, art songs by Schubert, Chopin, Schumann, Liszt, Brahms, Franz, Grieg, Beethoven, and others. Also Das Veilchen, Mozart. Piano, high voice. 186pp. 9 × 12. 23193-3 Pa. **$7.95**

FRENCH ART SONGS OF THE NINETEENTH-CENTURY, edited by Philip Hale. 39 songs from romantic period by 18 composers: Berlioz, Chausson, Debussy (six songs), Gounod, Massenet, Thomas, etc. For high voice, French text, English singing translation. 182pp. 9 × 12. 23680-3 Pa. **$8.95**

COMPLETE SONGS FOR SOLO VOICE AND PIANO (two volumes), Johannes Brahms. A total of 113 songs in complete score by greatest lieder writer since Schubert. Volume I contains 15-song cycle Die Schone Magelone; Volume II famous "Lullaby." Total of 448pp. 9⅜ × 12¼. Volume I 23820-2 Pa. **$9.95**
Volume II 23821-0 Pa. **$9.95**

COMPLETE SONGS FOR SOLO VOICE AND PIANO: Series III, Johannes Brahms. 64 songs, published between 1877–86, including such favorites as "Geheimnis," "Alte Liebe," and "Vergebliches Standchen." 224pp. 9 × 12. 23822-9 Pa. **$9.95**

COMPLETE SONGS FOR SOLO VOICE AND PIANO: Series IV, Johannes Brahms. 120 songs that complete the Brahms song oeuvre and sensitive arrangements of 91 folk and traditional songs. 240pp. 9 × 12. 23823-7 Pa. **$9.95**